OECD

構造分離

公益事業の制度改革

OECD【編】
山本哲三【訳】

日本経済評論社

●

経済協力開発機構

経済協力開発機構（Organisation for Economic Co-operation and Development）は，1960年12月14日にパリで調印され61年9月30日に発効した協定の第一条に基づき，次のことを意図した政策を推進する。

(a) 加盟国において，財政金融上の安定を維持しつつ，出来る限り高度の経済成長及び雇用並びに生活水準の向上を達成し，もって世界の経済の発展に貢献すること。
(b) 経済的発展の途上にある加盟国及び非加盟国の経済の健全な経大に貢献すること。
(c) 国際的義務に従って，世界の貿易の多角的かつ無差別的な拡大に貢献すること。

OECD原加盟国は，オーストリア，ベルギー，カナダ，デンマーク，フランス，ドイツ，ギリシャ，アイスランド，アイルランド，イタリア，ルクセンブルク，オランダ，ノルウェー，ポルトガル，スペイン，スウェーデン，スイス，トルコ，イギリス，アメリカである。以下の諸国はその後加盟した。日本（1964年4月28日），フィンランド（1969年1月28日），オーストラリア（1971年6月7日），ニュージーランド（1973年5月29日），メキシコ（1994年5月18日），チェコ（1995年12月21日），ハンガリー（1996年5月7日），ポーランド（1996年11月22日），韓国（1996年12月12日），スロバキア（2000年12月14日）。欧州委員会もOECDの活動に参加している（OECD協定第13条）。

Published in English and French under the titles cited here respectively:
Restructuring Public Utilities for Competition
CONCURRENCE ET RESTRUCTURATION DES SERVICES PUBLICS

原文英語版から日本語への翻訳は日本経済評論社の責任で行った。

序　言

過去20年にわたる公益事業の規制改革は，OECD 諸国における公益事業分野の性格を一変させたといってよい。もちろん，各公益事業は，それぞれ産業特性を有し，固有の規制問題を抱えているが，規制改革においてある種の重要な要素が多くの公益事業に共通する問題として浮かび上がってきている。OECD 競争法・政策委員会がここ数年の間に実施した公益事業の分野別研究のなかで，いくつかのテーマが繰り返し注目されるようになった。その一つが，産業構造が競争に及ぼす重要なインパクトをどう捉えるかという問題である。

この報告書は，産業構造の規制とそれが競争に及ぼす影響という問題に正面から取り組んだものである。分析を進めるにあたっては，当委員会に提出された二つの報告書，すなわち加盟国から提出された報告書と OECD の膨大な量に達する規制改革に関する報告書を参考にしている。とくに後者には本委員会による公益事業の分野別レビュー，OECD 規制改革プロジェクトの出版物，電気通信分野を担当している OECD 電気通信・情報政策部会（TISP），電力・ガス分野を担当している国際エネルギー機関（IEA），および OECD 経済局による一連の分析作業も含まれている。

ここでの研究成果は，読者にとってはおそらく驚きであろう。ほとんどの加盟国が，ここで取り上げるほぼすべての公益事業分野で，産業構造を規制するための特別の措置を採っているが，規制は必ずしも当初予期された形態をとっておらず，そのアプローチは産業ごとに異なるばかりか，国によっても異なっている。現状では「弱い構造分離形態」しか実現されていないが，経験を積み上げれば，とくにある種の公益事業分野では，より強い，もっと効果的な分離形態に向かう動きが，規制改革のプロセスではっきりと現われることになるであろう。

本書に基づき，またOECD加盟諸国の個々の経験やいくつかの国に共通する経験に基づき，2001年4月26日に，OECD閣僚理事会は本書末尾に纏められている勧告案（「被規制産業の構造分離に関するOECD閣僚理事会勧告」）を採択し，自由化および規制改革のプロセスを推進するにあたり，加盟諸国に，より強い構造分離の形態を真剣に検討するよう，促したところである。この勧告案は，2001年の閣僚理事会コミュニケのなかで，OECD閣僚理事によって歓迎をもって迎えられた。

本報告書は，OECD事務総局の責任で出版されるものである。

日本語版への序言

これまで巨大な自然独占として扱われてきた「公益」系ネットワーク産業でも，競争がその発展にもっとも重要な役割を果たすということがいまや広く認識されるに至っている。いまから30年以上も前に，規制改革運動のパイオニアの一人であるアルフレッド・カーン（Alfred Kahn）は，以下のように述べていた。

「規制された独占企業というのは，与えられた事業を行うのにきわめて不完全な手段でしかない。それは，独占それ自体が持つ悪弊——積極的に，かつ慣性で利用者を収奪するおそれがあること，積極的，効率的，革新的な市場成果に向けた外部からの制約や刺激が効かないこと——により，その機能を損ねている。規制それ自体も性格上独占を保護するものに，いわば想像力に欠けた受動的なものになる傾向がある。規制は，市場成果のより重要な側面——効率性，製品イノベーション，リスク負担，および需要弾力性の調査など——を取り扱うのに適していない。ここに競争が大きな魅力となる根拠がある。競争は市場成果に直かに刺激を与え，市場テストの場を提供するからである」。

だが，この数十年の政府介入が示しているように，公益系ネットワーク産業においてはその競争的な部門においてすら有効競争を促進するのは容易ではない。既存企業は，とくに不可欠設備（essential facility）を所有し，同時にそれを利用する市場分野で他の企業と競争する統合企業は，通常，ライバル企業による不可欠設備へのアクセスに対し，アクセス料金を引き上げたり，アクセス・サービスの質を低下させたり，タイムリーな提供を制限することで，競争を制限しようとする。規制当局は，既存企業のそうした行動の防止に努めることになるが，そこで困難に直面する。たとえ、十分な行政資源を持つ規制当局といえども，既存企業が持っているアクセス制限のインセンティブと闘うのは容易ではない。既存企業は，ライバル企業によるアクセスを拒否・制限すべく不断に刷新的な方法の発見に努めるからである。それにより，最終的には競争が阻害されることになるのである。

ここに，垂直分離が待望される理由がある。不可欠設備と産業の競争的な部門を切り離すことで，既存企業のそうしたインセンティブは消失しよう。それと同時に，規制当局の仕事は一段と容易になり，競争も進展するはずである。

だが，垂直分離があらゆる産業で正解であるとはかぎらない。それが正しい解決であるかどうかは，分離に要する費用など，費用・便益上の重要なファクターにかかっている。とはいえ，OECD は長年にわたり競争を促進する重要な手段として構造分離の重要性を強調してきた。1997年の OECD 理事会は，競争の促進に向けた規制改革を，とりわけ競争が可能である事業分野を，規制の続くネットワークから分離するよう，提言している。また，2001年に，OECD 理事会は，競争法・政策委員会が加盟国に対して行った勧告——（アクセス規制などの）行為アプローチに要する費用・便益を，（垂直分離などの）構造アプローチに要するそれと「慎重に比較衡量すべきである」との提言——を採択している。

こうした一連の勧告に日本は耳を傾けて欲しい。1999年に，OECD は日本の規制改革に関する詳細な研究に基づき，その審査結果を発表した。それは，電力産業のケースについて，次のような勧告を行っている。「（現行の）会計分離に競争の促進を困難にするような不十分な点が発見されたら，（政府は）公益系電力会社に対し規制されている事業分野（送・配電）を自由化された事業分野（発電・小売）から分離するよう求めるべきである。政府は，競争を促進するために，実行可能な構造分離オプションを電力産業の全分野にわたり検討すべきである」，と。また，情報通信産業のケースについても，「(持株会社の下では）NTT 地域会社は，持株所有の下，設備ベースの競争を行いそうもないので，地域会社を完全な独立会社にするような選択肢を検討すべきである」と提言している。

垂直的な所有分離という構造分離政策は，競争政策立案者の道具箱のなかでもっとも重要な道具の一つである。この道具は，仕事をするのにつねに正しい道具であるとはかぎらないが，重視されるべきである。正しく使えば，競争に刺激を与え，利用者および消費者の最終利益に大きく貢献するのである。

2002年 3 月15日

OECD 競争法・政策委員会　ダリー・ビッガー（Darry Biggar）

序　論

多くの産業，とりわけ伝統的な公益事業にあっては，構造上，非競争的な事業分野が競争可能な事業分野と垂直統合されている。こうした構造を有する産業の例として，鉄道，郵便，電気通信，電力，天然ガス，および他の多くの被規制産業がある。

これに関連して生じる基本的な問題は，非競争的な事業分野の所有者（通常，ネットワーク所有者）が競争的な事業分野で競争を制限するインセンティブおよび能力を持つかもしれないことである。非競争的な事業分野の所有者は，競争的な分野にいるライバル企業が非競争的な分野にアクセスする際，その料金や条件をコントロールすることで競争を制限することができるのである。

だが，競争的な事業分野における競争の促進は，多くの場合有益である。競争の導入は，効率性とイノベーションを高め，消費者に対して製品範囲の拡大と多様化をもたらす。さらに，競争の導入は規制領域を市場の失敗の基底に横たわる「核心」に絞ることにもなる。

ここで競争政策立案者が直面する問題は，競争的な事業分野において競争を維持・促進するのに最適な方策は何かということである。このために利用できる政策手段ないし政策アプローチは多々ある。

（ａ）　統合された企業の非競争的な分野に対する接続（＝アクセス）規制。

（ｂ）　競争的な事業分野と非競争的な事業分野の所有分離。

（ｃ）　競争的な分野にいる競合事業者による非競争的な事業分野のクラブ所

有ないし共同所有。

（d） 非競争的な事業分野を独立機関の管理の下に置くやり方（「運営」分離）。

（e） 統合された企業をより小さな互恵的なパーツ（reciprocal parts），すなわち互恵的な事業会社に分割するやり方。

（f） 統合された企業が競争的な分野で有する競争能力を制限するやり方。

本報告書は，被規制産業における競争を擁護・促進するため，こうした手段の使用法について解明する。こうしたアプローチはすべてOECD諸国の上記産業において実例を見出せるものである。

本書は，まず，競争制限の基底に存在するインセンティブと，そうしたインセンティブに取り組むのに利用できる政策手段を検討する。ついで，そうした政策手段のうち接続規制と垂直分離の二つをその相対的な長所を評価するために詳細に検討する。その上で，さまざまな分野におけるそうした政策手段の適用状況および効果を評価するため，いくつかの産業を調査分析する。最後に，全体の内容を要約し，政策提言（「勧告」）を付すことにする。

目　　次

Ⅰ．基本的な問題とそれへの対策

1．非競争的な事業と競争的な事業の間の垂直統合と競争制限的なインセンティブおよびその能力

一つの経済「分野」は，単一の同質な経済活動から成っているのではなく，多くの独立した経済活動ないし「事業分野」で構成されている。その多くは他の経済活動で利用される中間投入財ないし中間投入サービスを生産している。そこで二つの中間投入財がそれを用いた最終財ないし最終サービスの生産において補完的な関係にあるとき，こうした二つの中間投入財は「垂直的」な関係にあるという。これに対し，二つの中間投入財がそれを用いた最終財の生産において代替的な関係にあるとき，その二つの経済活動は「水平的」な関係にあるという。例えば，列車の運行と軌道の提供という二つのサービスは，鉄道輸送サービスの提供において補完的な関係にあるので，両者は垂直的な関係にあることになる。これに対し，最終目的地への途上で積替え港として利用できる二つの港湾サービスは，そのサービスが代替的な関係にあるため，水平的な関係にあることになる[(1)]。

被規制産業には，伝統的な競争に頼っていては効率的な成果を生み出せないような事業分野ないし部門が，通常，少なくとも一つは存在している。ある事業分野が競争を維持できないというとき，その理由はいくつかある。伝統的な公益事業に共通する一大理由は，規模の経済性が存在するということである。すなわち，単一企業のほうが二つ以上の企業のいかなる生産の組み合わせよりも市場需要により効率的に応えられる場合が，それである。

また，ある事業分野は，「ネットワーク効果」が働くため，もしくは「需要サイドでの規模の経済性」が存在し，サービスに対する需要がその消費の拡大とともに増大するため，競争を維持することができない。こうしたネットワークの外部性は，しばしばIT（情報技術）産業や電気通信産業で発生する。相互に通信ができ，経済取引ができるメンバーの数が増えていくにつれ，こうしたネットワークはその規模が大きくなることで，またその基準がより広範囲にわたり採択されることで，より大きな便益をもたらすことになる。（両立する）二つの，もしくは基準を満たす複数のネットワークに接続するのに費用がかかるようであれば，消費者は一つのネットワークが大きくなることに便益を見出し，その便益に対しもっと支払ってもよいと思うようになるであろう(2)。ネットワークの外部性が大きく働く市場では，単一企業も維持可能となる。

こうした費用上，需要上の理由に加え，経済活動に規制による競争制限が加えられる場合にも，その経済活動は非競争的になるおそれがある。競争制限はさまざまな理由で課されている。もっともよく見られるのは，指示された非営利サービスの資金を調達できるよう，既存事業者に収入源の確保が許されるケースである。その一例は郵便事業者が標準的な信書で享受している競争からの保護であり，そこでは競争からの保護は，高コスト地域ないし遠隔地において郵便配達を維持するためには内部補助による保護が必要だという理由で正当化されている。だが，いくつかのケースでは，競争的な経済活動は望ましくないということで，さしたる理由もなく規制がなされている。本書の目的から，規制による競争制限の結果，競争がなくなっている経済活動も，非競争的な経済活動の集合に含めることにする(3)。

すべての被規制産業は競争を維持できない分野を少なくとも一つは持っているが，このことは同一産業のあらゆる関連分野で競争が維持できないことを意味するものではない。例えば，鉄道インフラは競争を維持できない典型的な分野といってよいが，少なくとも列車の運行については，原理的に，ある程度の

表Ⅰ-1　競争的な事業部門と非競争的な事業部門を兼備している産業

分　野	通常非競争的な事業	潜在的に競争的な事業
鉄　道	軌道と信号のインフラ設備[1]	列車の運行 施設・設備のメンテナンス
電　力	高圧送電[1] 地方の配電[2]	発電 「小売り」ないし「販売」活動 市場取引活動
郵　便	住居地域における普通郵便の戸口配達[2]	郵便物の輸送 速達・小包の配達 とくに人口密集地域で大量の郵便を扱うビジネス顧客への郵便物の配達
電気通信	ユビキタスなネットワーク設備 地方における住宅向け市内電話[2]	長距離通信 携帯電話サービス 付加価値通信サービス とくに人口密集地域で大量のトラフィックを扱うビジネス顧客に対する地域通信サービス ブロードバンド・ネットワーク（例：ケーブルテレビ）が提供されているエリアにおける地域通信サービス
ガ　ス	高圧ガス輸送[1] 地方の配ガス[2]	ガスの製造 ガスの貯蔵（いくつかの国において） ガスの「小売り」・「販売」活動
航　空	離発着のスロットなどの空港サービス	航空機の運行 施設・設備のメンテナンス 機内食サービス
海上運送	（特定の都市の）港湾施設	水先案内サービス 港湾サービス

注：(1)　競争の範囲は地域によって，また需要の性質によって異なっている。
(2)　人口密度の低い，需要量の少ない地域におけるサービスは，密度が高い，需要量の多い地域のそれに比しそれほど競争的ではない。

競争が可能である[4]。

正確には，いかなる経済活動が非競争的であり，いかなる経済活動が競争的なのかは，各国の特性，すなわち地理的条件，需要水準および所得水準により異なっている[5]。表Ⅰ-1は，多くの被規制産業について，非競争的とされる事業と競争が可能とされる事業を分類したものである（ただし，こうした事業活動で実際に競争が許されるかどうかは，各産業，各国の規制制度のあり方にかかっている)。競争的であるか否かの差異は，この表の区分けほど明快ではない。ある事業は比較的少数の競争者しか維持できず，競争も寡占競争といった中間レベルでしか維持できないかもしれない。実際には，市場において維持可能とされる競争レベルは連続的であり，競争と非競争の間に境界線を引くのはむずかしい。

産業のなかの競争的な事業分野に競争を導入することは，重要な便益をもたらす。競争の促進は，以下のことを可能にする。

(a) 競争的な事業でイノベーションおよび効率性を刺激すること。

(b) 消費者に広範な選択肢を提供し，製品差別化を促し，顧客の満足度を高めること。

(c) より効率的な，かつ目標の明確な規制を生み，規制の範囲を限定すること。

本書の目的上，以下では政策立案者は，競争的な事業分野においては，いかなるところでも競争を受け入れる決定を行うものと仮定する。

競争的な事業と非競争的な事業が補完的な関係にあり，非競争的な事業の所有者が競争的な事業分野でもライバルを相手に事業活動を行うケースを想定しよう。彼は競争を制限するため，非競争的な事業部門への接続に関し，彼が有する支配権を行使しようとするであろう。通常，統合された被規制企業ないし国有企業は，次のような理由で，関連する補完分野で競争を制限する強いインセンティブを持っている。

(a) 第一に，(競争的なサービスと非競争的なサービスを) 一括したサービス (bundled service) を規制する場合，その規制は，多くの場合，非競争的なサービスだけを対象とする規制より軽くなる。したがって，このケースでは，被規制企業は競争的な事業に参入し，そこで競争を制限することで，独占レントの一部ないしすべてを奪い返すことができる。例えば，（競争的な）長距離通信サービスの料金が規制されていない状態を想定してみよう。すると，（競争のない）規制されている地域通信サービスの提供者は，長距離通信市場への参入に向け強力なインセンティブを持つことになる。地域通信サービスへの接続を制限することで，ライバルを排除し，長距離料金の引き上げを図るのである。そうすることで，さもなければ規制で失われる，非競争的な地域通信市場の独占利潤の一部を奪い返そうとするのである。

この議論は，非競争的なサービスだけを対象にした規制に対し，（競争的なサービスと非競争的なサービスを）一括したサービスを対象にする規制が持つ性質（強弱）に決定的に依存している。もし，後者の料金規制のほうが，非競争的なサービスの料金規制より厳しければ，被規制企業は接続を制限するインセンティブなど持たないであろう（それどころか，競争的な事業から撤退するインセンティブを持つかもしれない)。

（b）　第二に，規制当局が被規制企業の「料金算定根拠」に含まれている資産価値を正確に評価できない場合，被規制企業は，一般的に，レート・ベース（報酬率が乗じられる，公正報酬額の基礎をなす資産――訳注）の規模を拡大するため，他の市場（垂直的に関連する市場であるか否かを問わず）に参入し，独占利潤の増大を図るかもしれない。例えば，規制当局が，どのサービスを提供するためにどの資産が使われているのか，その区別がつかない場合には，電気通信事業者は，レート・ベースの規模を引き上げ，独占レントを増大させるため，端末機器市場に参入するインセンティブを持つかもしれない。

（c）　第三に，次のような別の議論もある。例えば，非競争的な事業に従事している企業は，その独占を突き崩すような新規参入からの脅威，もしくは技術革新の進展にさらされるかもしれない。競争的な分野のライバル企業は，こうした新規参入ないし技術革新の源泉となる可能性がもっとも高い。したがって，既存企業は，競争的な分野の競争を制限することで，新規参入や技術革新が生じないように努めるのである。だが当然のことながら，新規参入ないし技術革新が，参入障壁を高め，技術革新の新しい流れを阻止するような（競争的なサービスと非競争的なサービスの）広範なバンドル化に取って代わらなければならない。例えば，電気通信事業者は，地域通信サービスにおける競争の増進を恐れ，長距離通信会社を地域通信市場に参入する，もしくは地域通信網の迂回技術を開発するもっとも有力な候補者と考えるのである。そのため，彼は長距離通信市場でライバルの成長を制限する明白なインセンティブを持つのである。

電力事業もこうしたインセンティブを持つが，それについて連邦取引委員会（FTC）は次のように説明している。

「報酬率（rate of return）を規制されている独占事業者は，より高い利潤をあげるため，規制による制約を逃れようとするインセンティブを持っている。非規制の市場に参加していることが，そのための手段を提供する。すなわち，独占事業者は，非規制市場で競争相手を差別したり，規制市場と非規制市場の間で費用を移転することで，制約を回避できるのである。この差別化戦略は提供する財が補完財であることに関係している。独占事業者は，規制されていない事業で超過利潤を獲得できるようなやり方で，他の事業者の規制されている財へのアクセスを制限することができる。差別はサービスの質の微妙な低下となって現われるかもしれない。その効果を確認し，測定するのは，あからさまなアクセス拒否がなされる場合に比べむずかしい。送電系統を統合している独占事業者は，他の発電事業者の費用を引き上げ，自分が発電市場で競争水準を超える利潤を獲得できるような仕方でしか他の発電源に送電サービスへの接続を認めないかもしれない」。

「内部補助ないしコスト移転の戦略は，規制されている財と規制されていない財の両方の生産に使用される中間投入財に関係している。共通に使用される中間投入財の費用（共通費）が，電力産業では需給計画費用や一般間接費も含まれるが，被規制事業に割り当てられ，コスト・ベースでより高い料金が正当化されることになる。こうしたコストの移転は競争を歪め，規制されていない事業でも非効率を生み出すことになる」(6)。

われわれは，「規制」という用語で，市場（支配）力に対する経済的規制を指す。企業が，市場力の行使を制限することを意図した暗黙の，もしくは明示的な規制に服しているとき，当該企業は規制されていることになる。多くの場合，規制形態が重要な問題となる。報酬率規制はプライスキャップ規制とは異なる結果をもたらす可能性がある。また，「国有」（state-owned）という用語で，われわれは，暗黙の，もしくは明示的な制約を受けているため，利潤最大化だけを追求することのない企業を，あるいは利潤以外の他の目的（例えば，雇用の最大化）を追求している企業を指すことにする。これには地方自治体が所有する企業，さらには共同組合（co-operatives）や非営利企業（non-profit firms）なども含まれる。ただし，利潤最大化に向け強いインセンティブを持たざるをえない国有企業は，所有者である政府によって制約されることはないし，また厳しい予算制約に直面している国有企業も，民間分野の利潤最大化を追求する企業と区別がつかないであろう。したがって，そうした国有企業は，通常，この定義からはずされることになる(7)。

2．競争を援護・促進するための手段

政策立案者が，補完的な関係にある，競争的な分野と非競争的な分野から成る産業において，その競争的な分野で競争を援護・促進するために利用できる政策アプローチないし政策「手段」は多数存在する。

図Ⅰ-1　アクセス規制

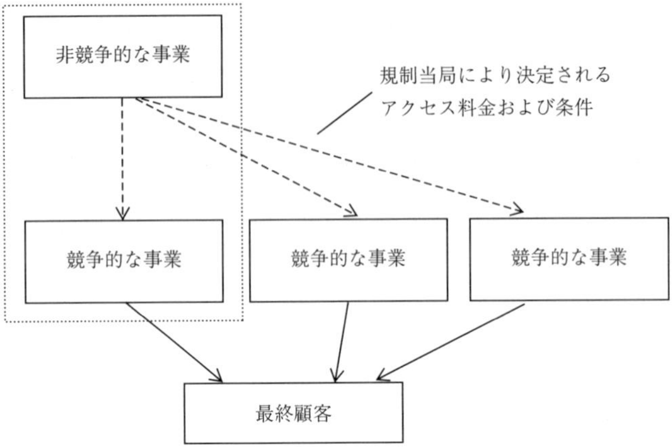

アクセス規制

われわれが最初に検討するアプローチは，**統合された既存企業の非競争的な分野への接続（アクセス）の規制**である。このアプローチの下では，規制当局は，競争的な分野にいるライバル企業が非競争的なサービスにアクセスするとき，その料金および条件の決定に介入することになる。規制当局は，ライバル企業と統合された企業の競争的な部門が川下で競争を展開できるよう，アクセス条件を決定することになる。規制当局が，必要なときに，要請がありしだい，介入できるというのであれば，当事者がその接続条件を弾力的に交渉できるかどうかといったことは問題にならない。ただし，規制当局は，非競争的な分野のキャパシティ（供給能力）が接続要求を満たすために利用されるよう，いわばキャパシティの利用が抑制されないよう，利用可能なキャパシティを算定しなければならない。このことは，図Ⅰ-1のように示すことができる。

アクセス規制に関する賛否両論（pros and cons）は，次の章でより詳しく検討する。簡単に言うと，アクセス規制は，統合から生じる範囲の経済性を維持できるという優位性を持っている。しかしながら，規制当局は接続を拒否しようとする統合企業のインセンティブと不断に闘わなければならない。規制当局が規制に成功するか否かは，予算，スキルなどの規制資源，情報，および政策手段に依存している。次の章で，このアプローチの下で達成される競争水準は，規制当局の最善の努力にもかかわらず，統合された企業がライバル企業の成長を妨げることがない構造分離のケースに比べ低いことを，いくつかの事例で明らかにする。

アクセス規制は，非競争的なサービスのキャパシティと品質が容易に観察できる場合には，もっとも簡便かつ効率的な規制方法である。この場合，規制当局は，需要されるすべてのキャパシティが非差別的な料金および条件で利用されるよう，保証しさえすればよい。その需給はおそらく空港のスロット市場やガスの輸送パイプラインの賃貸市場など，市場を通して調整されることになる。アクセス規制は主として企業行為の規制に焦点を置くので，行為的アプローチ（behavioural approach）と呼ばれている。

所有分離

ここで検討される第二のアプローチは，**非競争的な分野と競争的な分野の垂直分離**である。この分離アプローチは，業務範囲（line-of-business）に制限を課すことで，もしくは統合の動きに別の制限を課すことで援護される。このアプローチの下では，非競争的な分野にいる所有者は，競争的な分野において競合している事業者を人為的に差別ないし区別するインセンティブを持たない。これは，図I-2のように示すことができる。

所有分離の賛否については，次の章でより詳細な検討が行われる。完全所有分離の大きな長所は，川下市場の競合企業を差別するインセンティブを消滅させる点にある。これは規制の必要性を軽減し，川下の競争水準を一般的に高める。これに対し，その短所は，統合から生ずる範囲の経済性を喪失する可能性があることである。このアプローチは，主に既存企業の競争制限的なインセン

図Ⅰ-2　所有分離

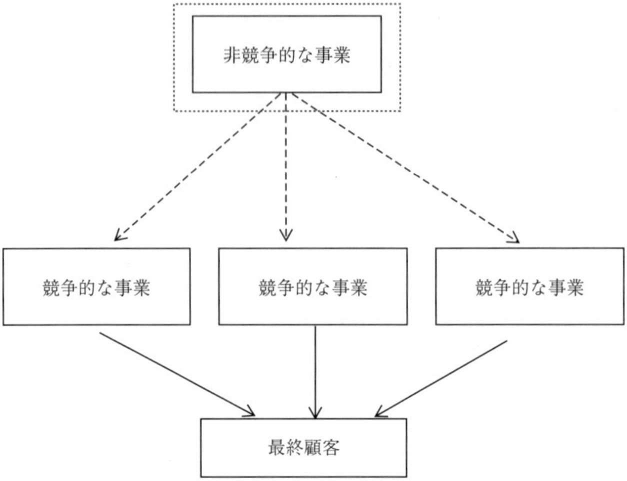

ティブに取り組むことになるので，構造的アプローチと呼ぶのがもっともふさわしい。多くの場合，この種の分離は，非競争的な分野にいる事業者が競争的な分野に参入するのを防止する業務範囲制限を通して執行されなければならない(8)。

クラブ所有

第三に考えられるアプローチは，**競争的な分野に属する企業による非競争的な事業の共同所有**である。このアプローチの下では，川下の各競合企業は，図Ⅰ-3が示すように，非競争的な事業に共同出資することになる。

このアプローチは分離の長所を数多く有している。それは，ライバル企業間の差別化インセンティブを消去し，それにより規制による積極的な監視・介入の必要性を薄める。また，非競争的な事業分野は，川下の利用者と緊密な連携を維持することで，利用者のニーズに適格に対応できることにもなる。だが他面，このアプローチにはある種の重大な欠陥がある。第一に，川下の競合企業は共同して新規参入を阻止するインセンティブを持つことになる。したがって，

図Ⅰ-3　クラブ所有

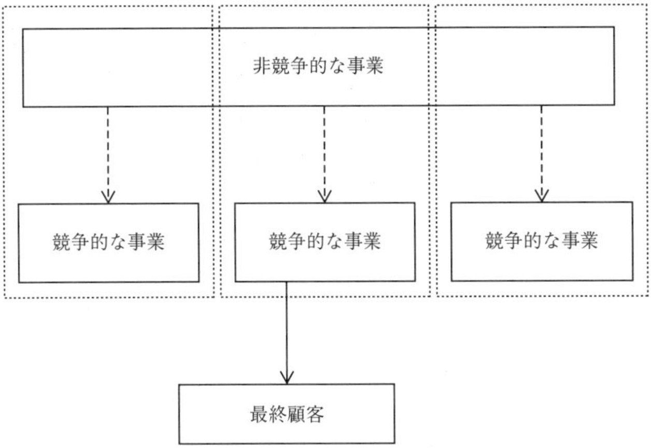

新規参入者が「クラブ」への参加を望む場合には，規制当局によるある種の介入が引き続き必要となる。第二に，川下の企業は，共謀を容易にするため，自分たちが非競争的な事業分野に対し持っている支配力を利用できるかもしれない（例えば，共謀の合意を遵守しない川下の企業には同一の料金で販売することを拒否するといったかたちで)。第三に，川下の企業の数が多い場合には，共同所有が分散しすぎて，ガバナンス上の問題を発生させることになる。

それにもかかわらず，共同所有ないしクラブ所有は価値のある試みである。とりわけ，空港における発着枠（スロット）の配分といった潜在的にクラブ会員数が厳しく制限されているところで，これは当てはまる。多くのEU諸国は，主要航空会社が共同所有者となり，そのクラブが主要空港の発着枠を一定のルールで配分するというやり方を選択している。

運営分離

第四のアプローチは，**非競争的な事業分野を独立した事業主体の管理下に置く**という方法（**所有と管理の分離**）である。このアプローチは上記三つのアプローチの混成物（hybrid）と見ることができる。このアプローチがどのような性質を持つかは，非競争的な分野を管理する事業主体のガバナンス（統治）構造に依存している。当該主体が規制当局によってコントロールされる場合には，このアプローチは多少接続規制に類似したものとなる（とはいえ，規制当局は，事実上，非競争的な企業の取締役会に席を占めることで，より大量の情報や管理手段にアクセスできることになるが)。また，事業主体が川下企業の代表者を含む場合には，このアプローチは多少共同所有に類似したものとなる。さらに，他のすべての関係者から独立している場合には，このアプローチは所有分離にも類似したものとなる。

重要な問題は，当該事業主体は非競争的な分野で生ずる利潤の分け前に預ってよいのかどうかという問題である。もし事業主体が非競争的な分野の利潤性向にまったく関心を抱かなければ，非競争的な事業の効率性，革新的な事業運営，もしくは投資に関してほとんどインセンティブを持たなくなるであろう。だが，もし事業主体が非競争的な分野を完全に支配し（すなわち，関連会社の持分が議決権を持たない場合)，しかも統治主体それ自体も関連会社といっさい利害関係を持たないというのであれば，利潤の分け前を受け取ってもよいであろう。

このアプローチは，図Ⅰ-4のように示すことができる。

このアプローチは，「運営分離」ないし「運営アンバンドリング」として知られており，実際にも米国の電力事業において採用されている。連邦取引委員会は電力事業における運営アンバンドリングについて次のように述べている。

「運営アンバンドリングは，オープン・アクセスと透明な料金設定を確保するため，電力会社の送・配電系統を運用する独立の事業主体を設置するというかたちを採る。しかしながら，物理的な資産は独占事業者が保持し続けている。運営アンバンドリング計画は，垂直統合の経済性を維持し，

図I-4　運営分離

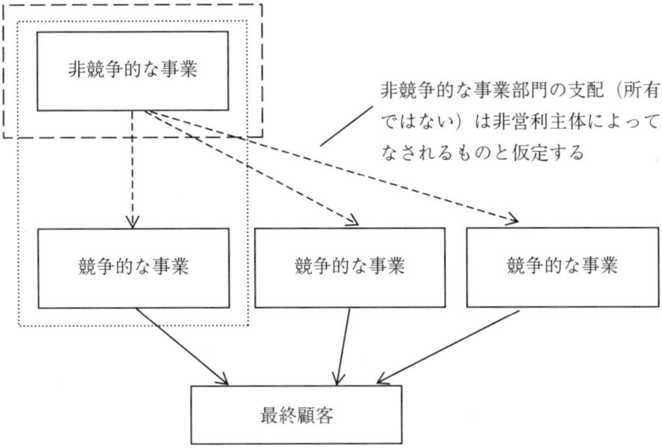

ループ・フローの外部性（電気は契約した送電経路［contract path］ではなく，もっとも抵抗の小さい送電経路に沿って流れるという事実に起因する）を内部化する機能を果たすことになる。また，この計画は，独占事業者から自分の発電設備を巧妙に優遇するような戦略機会を奪いながら，潜在的な投資者に対し透明な投資シグナルを保証することにもなる」[9]。

運営分離の大きな長所は，非競争的な企業が反競争的な行動に出る能力を大幅に削減する点にある。統治主体が非競争的な事業部門を完全に支配できるならば，反競争的な行動に出る機会など事実上なくなることになる。運営アンバンドリングの重大な短所は，非競争的な分野に対する支配権が利潤動機を持たない可能性がある事業主体に掌握されるため，効率的で敏感な運用，メンテナンス，および投資に向けたインセンティブが弱い点にある。興味深いことに，米国の最近の動向をみると，一部の電力販売会社（発電事業者，送電会社，および電力需要家の間の取引を仲介する事業者）は当初運営アンバンドリングに好意的であったが，その後態度を転換し，構造（所有）分離を支持するようになってきている。こうした電力販売会社は，運営アンバンドリングの下では，送電会社は顧客の需要，とくに新規契約ないし革新的な契約に十分対応できないと判断したようである[10]。

運営分離は，技術革新，投資，もしくは発展の余地がほとんどない非競争的な分野にストレートに適用される場合に，もっとも有益である。そうした状況の下では，事業主体に経済的なインセンティブが欠けていても，あまり問題にはならないからである。

互恵的なパーツへの分離

競争を援護するための第五のアプローチは，**非競争的な分野をより小さな互恵的なパーツに分離する**というやり方である。このアプローチは，ネットワーク効果に信頼を置き，相互接続を拒否するインセンティブをお互い持たせないようにする手法である。

このアプローチは電気通信分野でもっとも簡単に説明できる。電気通信事業では，既存事業者の市場力は伝統的な規模の経済性のみならず，これが重要なのであるが，需要側の規模の経済性からも生じる。消費者はより多くの人々と交信可能なネットワークに接続されると，より多く支払ってもよいと考えるようになる。このため，あるネットワークが別のネットワークに接続すると，両方のネットワークの加入者は利得を得ることになる。

相互接続交渉における各ネットワークの交渉上の地位は，とりわけ，相互接続の失敗がどういう結果をもたらすかに依存する。仮に，ネットワーク保有者の一方が，相互接続に失敗しても，別のネットワークの顧客をすべて獲得できると考えていれば，彼は相互接続を行うインセンティブを持たない。そのネットワーク保有者は，追加的な加入者によって生じる利益を，ライバル企業と分かち合うことなく，獲得することができるからである。他方，法的ないし経済的な制約により，一方のネットワークが迅速に，もしくは容易に別のネットワークを接収できず，その顧客を獲得できない場合には，各ネットワークは相互接続を行うことで利益を得る。なぜなら，いまや各ネットワークに属する加入者は，二つのネットワークが切り離されている場合に比べ，より多くの利用者と通信できるようになるからである。この場合には，相互接続は双方の企業にとって利益となる。結果的には，相互接続は外部の規制を欠いても合意される可能性が高いといえよう。

例えば，小さなネットワークしか持たない新規参入者が，巨大な既存電気通信事業者と交渉を行うケースを想定してみよう。ここで既存事業者が相互接続の合意に至らなくても新規参入者の顧客はいずれ戻ってくると期待すれば，新規参入者は既存事業者によって要求される接続条件にほとんど影響力を持てなくなる。他方，二つの巨大な既存ネットワークが同一の顧客グループの獲得をめぐり競争するケースでは，相互接続協定で合意に達しない場合，いずれの企業も事業の拡大に，（もしくは存続にさえ）確信が持てなくなるであろう。だが，こうしたケースにあっては，各企業は，提示される接続条件を現実的に規律する手段として，交渉の打切りという脅しを使うことができる。

これを上の枠組みで説明すれば，川下の競争的な事業の顧客が複数の非競争的な事業に接続されることを評価するときにはいつでも，また競争的な事業と非競争的な事業が一連の企業に垂直統合されているときにはいつでも（図I-5を参照），企業は別の企業と非競争的な事業の互恵的なアクセスを交渉することで，収益を改善することができる。この意味で，交渉の打切りという脅しは，片方の企業が一方的かつ意味ありげに自分に有利な接続条件を主張するのを制約する役目を果たしている。たとえ規制による介入などなくても，脅しが効くかぎり，互恵的な接続が合意される蓋然性は高いといえよう。

このような状況は，鉄道分野でも，航空運輸分野でも起こっている。鉄道分野では，川下市場の顧客は出発地から目的地まで一つの列車を利用できるということで利益を得る。一連の隣接し合う，軌道網と列車運行を統合した鉄道会

図Ⅰ-5　互恵的なパーツへの分離

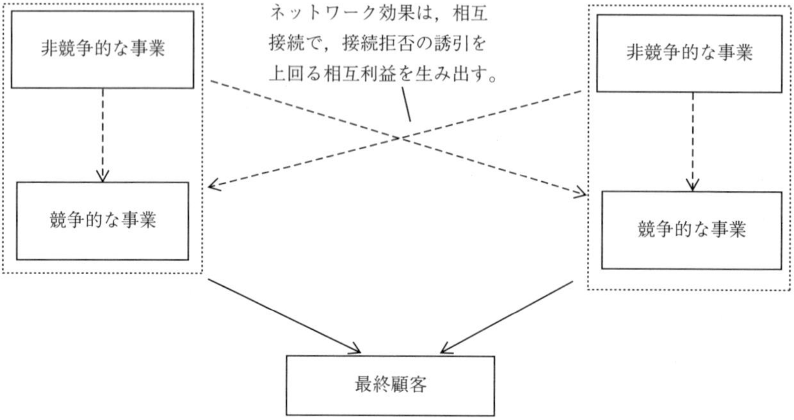

社から成る鉄道市場においては，各企業は，そのサービス範囲を拡大することができるため，隣接する軌道と接続することで利益を得ることになる。いったんライバル企業の軌道への接続を希望すると，ライバル企業が接続を申し込んできても，当の企業にはそれを拒否するインセンティブが働かなくなる。航空輸送産業では，国際航空レベルで，しばしば空港と航空会社が統合されている。国の発着枠調整者（運輸当局）は，多くの場合，国際線発着枠の配分会合において，それぞれ自国のフラッグ・キャリア（国策航空会社）の代理人として行動するからである。だが，こうした統合が競争に与える否定的な効果は互恵主義によって相殺される。各航空会社は自分が提供できる航空サービスの範囲を拡大できるため，そこから利益を得ることができるのである。このように，自分のサービスを拡大しようという欲求は，外国航空会社による自国内の空港への接続に対しても，それを拒否するインセンティブを相殺するのである。

こうした取引形態は，郵便事業や電気通信事業の国際的展開にも散見される。国際レベルで見ると，両事業には外資の所有規制があり，それにより企業の相手方領土への参入が長期にわたり妨げられてきた。したがって，そこでは相互接続が顧客が要求するユビキタスなサービス（普遍的なサービス）を提供する唯一の選択肢であった。相互接続協定は，たいてい，当局の強い規制ないし監視を必要としないまま，独立企業の間で合意されてきた(11)。

この意味では，相互接続のインセンティブは規制による監視の必要性を減じるといってよいが，それを完全に消滅させるわけではない。状況しだいでは，交渉を行うネットワーク事業者は，高い相互接続料金を設定するほうが自分たちの利益になると考えるかもしれない。それが川下の市場で競争を制限する有力な手段となると考えるのである

この分離形態はある種の重要な長所を有している。非競争的な分野をより小さなパーツに分離することで，そうした事業分野でもある程度競争を刺激することができる。二つの地域鉄道会社は，少なくとも始発駅か終着駅が地域的に重複する路線では競争するが，同一地域に一つの鉄道会社しかない場合にはそうした競争すら起こらない。換言すれば，互恵的なパーツへの分離は，水平的にも，垂直的にも競争を刺激することになるのである。さらに，垂直統合を認めることで，範囲の経済性も保持されることになる。ただし，ここではライバル企業のネットワークを成長させるために，支配的な事業者に一時的な業務範囲制限を課す必要があるかもしれない。ネットワーク間競争がさらに進めば，長期的にはそうした制限も撤廃されることになるであろう。

他方，このアプローチにはある種の短所もある。第一に，こうしたアプローチを適用できる産業（とくに，双方向ネットワークを有する産業，すなわち鉄道，航空，電気通信，および一定程度までは郵便事業）は限られていることである。加えて，競争も非競争的なサービスを一部提供している企業間の競争に限定される。ここでは企業は，競争的な事業にだけ参入することはできない。このことは，例えば，追加的な規制がないと，長距離通信専門の電気通信事業者は存在しえないことを意味している。長距離通信事業者は地域通信サービスと接続されないかぎり長距離サービスを提供することはできないのである。

非競争的な分野のより小さなパーツへの分離

非競争的な分野のより小さなパーツへの分離・分割は，いつその効果が現われるのかという質問をよく耳にする（先に議論した互恵的なパーツへの分離というアプローチは別にして）。例えば，電力・ガス産業では送電・送ガス部門の配電・配ガス部門からの分離や配電・配ガス部門の多数の小規模会社への分割がなされているが，それはいつになればその効果を現わすのであろうか。

以下では，巨大な配給（配電・配ガス）会社をより小さなパーツに分離・分割することを支持する議論を展開する。第一に，（たとえ競争をしていなくても）多くの同類の配給会社を設立すれば，会社間の比較が可能となるため，そうした会社への規制を容易に行えるようになる（いわゆる「ヤードスティック」規制）。

第二に，こうした分離・分割は少なくとも営業区域の境界で配給会社間の競争を促進することになるであろう。大口顧客が，二社以上の配給会社から容易にサービスの提供を受けられるように境界を選択する場合には，この部門にも少なからず競争が発生することになる。さらに，大口顧客向けの送電ないし送ガスも近距離では事実上競争的になるかもしれない。配電会社は，大口顧客に電力を配給するために，営業区域の境界線上だけではなく，営業エリア内においても相互に競争するかもしれない。だが，もし単一の巨大な配給会社が存在していれば，こうした競争形態などありえないことになる。

第三に，いくつかのケースで，配給会社の分離・分割は，川上の市場でも競争を促進する可能性がある。送電・送ガスの市場には第三者アクセス制度があるが，配電・配ガスにはそういう制度はない。そこでは，配給会社は，市場参加資格のない消費者（すなわち，供給者の選択権を持たない消費者）のために，その代理人となって電気ないしガスを購入することになる。この意味では，配給会社は生産者から電気ないしガスを購入するとき，互いに競争していることになる。配給会社の数は，電気ないしガスの購入市場の競争水準に具体的な影響を及ぼす可能性がある。単一の巨大な配給会社は川上の生産者に対し，買手独占を形成する。これに対して，その分離・分割は，買手の独占力を消滅させることで，川上市場の競争を増進するのである（別の解決法は配電ないし配ガスのレベルにも第三者アクセス制度を導入することである。すなわち，川下市場のすべての顧客が「市場参加資格のある」顧客になることを認めることである）。

会計分離，機能分離および分社化

これまで提示してきたアプローチに加え，多くの国は他にもさまざまな分離形態ないしアンバンドリングを課している。その中には次のようなものがある。

（a）　会計分離ないし会計アンバンドリング：あらかじめ特定の機能ないしサービスを画定したうえで，それに対し別個の会計を準備すること。

（b）　機能分離：性質が異なるサービスを同一企業内の別の事業部門に分離し，できれば異なる管理部門の下に置くこと。

（c）　分社化：性質が異なるサービスを別の会社法人に分離・分割すること。ただし，その会社法人は同一の会社によって所有されることになる。

こうしたアプローチは，それだけでは競争を援護することもなければ，促進することもない。ハート（Hardt）は次のように論評している。

> 「理論上，……会計分離は支配的な事業者の行為になんら影響を及ぼさない。会計分離は，競合するネットワークの利用者への差別を効果的に防止できないし，参入促進のために効果的に利用されるようなものでもない。……それどころか，それは構造分離と同等の概念ですらありえない。それらは一見すると同等の概念のように見えるが，経済的に機能する仕方やその含意（接続料金，産出水準と価格，および潜在的な競争者の参入可能性

という意味で）は著しく異なっている。……規制当局は，非差別的な接続料金の設定を目的とした措置を政策的に講じる場合，その経済的な意味に十分配慮する必要がある。会計分離の効果を誤って評価すると，それがもたらすのは高水準の消費者価格と低水準の社会厚生にほかならない」(12)。

同様に，ヒルマーは次のように注意している。

「単なる『会計分離』だけでは，不可欠設備への接続に関し，（ネットワーク保有者による）支配力濫用のインセンティブを排除するのに十分ではない。そのためには，（ネットワークの）所有と管理・運用の完全な分離が必要とされるのである」(13)。

こうしたアプローチは，単独で用いられる場合には，競争を維持することも，促進することもない。だが，しばしば他の分離形態に対しては重要な補完物となる。とくにそれらはアクセス規制を補完する機能を果たす。例えば，会計分離を通して利用できる情報は，接続料金を決定し，内部補助を発見するための基準として一般的に利用できる。したがって，こうした分離形態が有する価値は，何よりも，それが他のアプローチを補助するところにあるのである。

この章を締めくくるに当たり，長期契約は垂直統合に非常によく似た効果を持っていることに注目しよう。したがって，これまで議論してきた垂直統合に関するアプローチは，長期の垂直的契約が結ばれている状況にも等しく適用できる。

結　　論

政策立案者は，公益事業で競争を援護・促進するためのさまざまな手段を持っている。それらのアプローチにおおまかな優先順序を付けるのは可能である。

上述したように，最後に論じたアプローチ（会計分離ないし分社化）は，被規制企業が持つ反競争的な行動に向けたインセンティブにも，能力にも影響を与えない。したがって，こうした分離形態は他のアプローチを支援する点でメリットを有しているが，それだけでは独立した手法として利用できない。

残るアプローチの中では，互恵的なパーツへの分離が，競争的な分野で競争を促進すると同時に，非競争的な事業分野で，範囲の経済性を不当に犠牲にすることなく，市場力を削減するもっとも有望な手段である。ただし，このアプローチは一定の産業（例えば，鉄道，電気通信，郵便サービス）でしか利用できないという欠点を有している。また，そうした産業にあっても，そこで生じる競争の増進は限られたものでしかないであろう。

残りのアプローチは二つの範疇に大別できる。垂直分離と共同所有ないしクラブ所有は，既存事業者のインセンティブに大きな影響を及ぼす。したがって，構造的アプローチとしてグループ化するのがもっともふさわしい。これに対し，アクセス規制は行為的アプローチである。所有と管理・運用の分離は，管理・運用を担う事業主体の性格しだいで，構造的アプローチに近いものであったり，行為的アプローチに近いものであったりしよう。

いかなる産業にあっても，最適な分離形態は，比較衡量されなければならない一連の要因に依存している。そうした要因には，統合から生じる規模の経済性の度合い，分離に伴う一時的な費用，競争の利益と競争推進の余地，および当該産業の公共政策上の目標などが含まれている。このことは，本研究に寄せられたフランス政府の意見書のなかで，以下のように要約されている。

「この意味で，構造措置は，その中に大規模企業の解体を含む可能性があるが，微妙かつ複雑なトレードオフを要求することになる。垂直統合によって競争が阻害されてはならないが，他面，垂直統合から生じる効率性

表Ⅰ-2　競争促進策の長所と短所：評価の要約

政　策	長　所	短　所	アプローチは行為的か，構造的か？
アクセス規制	範囲の経済性がある程度維持される。 コストのかかる分離が回避される。	規制当局の積極的な介入を必要とする 規制当局は反競争的な行為に打ち勝つ十分な情報ないし手段を持てないかもしれない。（接続の）キャパシティを監視し，コントロールする必要がある。	行為的
所有分離	差別化インセンティブをなくすことができる。 より軽い規制ですむ。	範囲の経済性を失う可能性がある。 コスト高の，恣意的な分離になる可能性がある。	構造的
クラブ所有	差別化インセンティブをなくすことができる。	クラブは部外者を排除できる。また共謀を容易にする。一定の条件の下でのみ効果的である。	構造的
運営分離	差別や反競争行為を規制しやすくなる。	利潤動機の欠如が，革新的でダイナミックなサービス提供に向けたインセンティブを減じる可能性がある。	明確ではない？
互恵的なパーツへの分離	相互接続を求めるインセンティブにより反競争行為は減殺される。 非競争的な事業分野の内部で水平的な競争を促進する。範囲の経済性が維持される。業務範囲の制限を必要としない。	一定の条件の下でのみ適用が可能である。	構造的

の向上やユニバーサル・サービスから得られる便益についても考慮する必要がある。構造分離は，かえって利用者が負担する取引費用を上昇させるかもしれない。こうした理由で，独断的な立場（dogmatic position）を採るのは適当ではない。むしろ，ケース・バイ・ケースで，構造分離の費用・便益を検討すべきである」(14)。

構造分離へのさまざまなアプローチが持つ長所と短所は表Ⅰ-2に纏められている。

II． 垂直分離 対 アクセス規制

この章では，行為規制と構造規制という二大アプローチを代表する措置として，一方で垂直的な所有分離を，他方でアクセス規制を伴う垂直統合を取り上げる。もしこの二つのアプローチのうちいずれか一つを選択するということになれば，いずれが好ましいであろうか。

この問いに答えるには，いくつかの要因を比較衡量する必要がある。垂直分離は構造アプローチであり，その一大長所は非競争的な分野の所有者が競争的な分野で持つ競争制限的なインセンティブを減退させる点にある。他面で，垂直分離は，これら二つのサービスが一緒に提供される場合に発生する利益を捨て去ることを要求する。これとは対照的に，垂直統合にあっては，規制当局は非競争的な分野の所有者が競争的な分野で持つ競争制限的なインセンティブに取り組まなければならない。垂直統合は事業者の行為をより厳しく制限するような行為規制を要求するのである。

1． 垂直分離は，困難で，コストがかかり，部分的な効果しかない規制の必要性を大幅に限定する

垂直分離の一大長所は，非競争的な分野の供給者が競争的な分野で持つ競争制限的なインセンティブを後退させる点にある。これは重要な長所である。なぜなら，規制負担を軽減し，規制の質と競争の水準を高めるからである。

(業務範囲制限によって支えられた) 垂直分離は，次の理由で，競争制限的なインセンティブを後退させる。非競争的な分野の価格が規制されており，し

かもそれが費用を上回っている限り，非競争的な分野にいる企業は，できるだけその価格でその生産物を販売しようとするであろう(15)。また，そうした企業は，接続を拒否するというより(16)，接続を歓迎するインセンティブを持つであろう。なぜなら，競争的な市場に参入する新規事業者は，そこで競争，技術革新，および製品差別化を促進するが，そのことが非競争的なサービスへの需要を高めることにもなるからである。

分離下と統合下におけるインセンティブの差異は，規制緩和にとって重要な意味を有する。統合された企業に対する規制は，既存事業者が持つ接続拒否のインセンティブに打ち勝たなければならない。それゆえ，ここでは規制は，既存事業者が持つ行動上，情報上の優位と不断に闘わなければならない。なぜなら，既存事業者はライバル企業の接続を制限するために，可能であればいかなる手段をも利用しようとするからである。これとは対照的に，垂直分離は，既存事業者が持つ接続拒否のインセンティブを消滅させることで，より軽い規制形態を可能とする（例えば，プライスキャップ規制のバスケット方式）。それにより，企業の側も裁量の範囲を拡大し，その情報をいっそう効率的に利用できるようになるのである。

例えば，非競争的な分野へのアクセスにおいて，効率的なアクセス料金設定は，二部・多部料金，ピークロード料金，顧客・需要種別の差別価格などに関連した，非常に複雑な価格スキームになる可能性が高い。しかも，今後も，規制当局に比べ，企業のほうが，基礎をなす費用や需要の性質に関し，より質の高い情報を持ち続けることになるであろう。これに対し，垂直分離の下では，川下の企業を差別的に取り扱おうとするインセンティブは存在しない。それゆえ，規制当局は，バスケット方式の上限価格規制などにより，企業にある程度価格決定の裁量権を認め，効率的な価格設定に向けその情報を利用するよう仕向けることができる(17)。これとは対照的に，垂直統合の下では，企業は川下のライバル企業を差別するために裁量権を行使しかねない。それは，より洗練された規制スキームへの展望を制限することにもなる。規制の質についても，同じことがいえる。もし規制当局が提供されるサービスの質を完全に監視できなければ，統合された企業は，より質の低い接続サービスを提供することでライバル企業を差別しようとするであろう。これとは対照的に，分離されている場合には，企業はそうした差別的なインセンティブを持たない（とはいえ，規制を回避しようとして，サービスの質を全般的に引き落とすインセンティブを持つかもしれないが）。

さらに悪いことに，場合によっては，競争的な分野で競争を維持するために，反競争的行為を抑制するだけでは足りず，既存企業に競争志向的な行為を促さなければならないような状況も発生しうる。例えば，競争を発展させるためには，既存事業者に非競争的な分野の生産能力を高めるための投資を，もしくは計測技術や課金の能力を向上させるための投資を促す必要があるかもしれない。だが，ここで問題が生じる。規制当局は既存企業の意思に反してまで投資を強制する権限を持ってはいないからである。したがって，こうしたケースでは，被規制企業に投資インセンティブを付与することが決定的に重要となる。この点，統合された企業は非競争的な分野での新規設備投資を差し控えようとする。だが，分離された企業は，そうすることで非競争的なサービスへの需要を高めることができる場合には，そうした設備に対しても投資インセンティブを持つのである。

一例として，発電部門と送電部門を統合している電力事業者が，隣接地域でより低料金の発電事業者から競争の脅威を受けている状態を考えてみよう。すると，この統合企業は，相互接続の容量が大きくなればなるほど「地域外」発電事業者からの競争は増すので，隣接ネットワークとの相互接続の容量を制限しようとする。こうしたケースでは，規制当局はほとんど企業に対し接続のための設備投資を強制できない。だが，分離された送電事業者ならば，独占レントを獲得できないように規制されるため，相互接続の容量拡大に向け投資インセンティブを持つ可能性が高い。そうすることで競争が進み，電力需要が増大すれば，送電サービスに対する需要も増大するからである(18)。

もう一つの例として，電気通信事業を挙げることができる。既存の電気通信事業者は，例えば，顧客が「十分にサービスを提供できない（default）」長距離電気通信事業者をも選択できるように，ネットワークの質を向上させるための投資（長距離電話をかけるのに余分の桁数をダイアルする必要を取り除くための投資）を行わなければならない。だが，そうした投資は長距離通信市場における競争水準を引き上げるおそれがあるので，統合された電気通信事業者はそうした投資を抑制しようとする。ここでも，規制当局は既存電気通信事業者に投資を強要できないかもしれない。これに対して，分離された地域通信事業者は，その投資が地域通信サービスに対する需要を増加させる場合にはいつでも，投資インセンティブを持つことになる。

インセンティブの差異は，規制手続きそれ自体の性質にも影響を及ぼす。統合された企業は，分離された企業とは対照的に，アクセス・サービスの提供を遅らせたり，アクセス料金を引き上げたり，もしくはその質を低下させたりする行為に出ることで利益を得る。それゆえ，統合された企業は，それを実行できる力を手に入れるためには，規制機構であろうが，法律制度であろうが，政治経済的な機構であろうが，利用できるものは何でも利用することになる。さらに，統合された企業は，接続の分野では強い革新インセンティブを持っており，アクセスを遅延させる新技術を絶えず開発している。規制当局は，そうした技術が現われたときにそれに立ち向かうことになるが，通常，既存企業の技術に「追いつく」のが精一杯である。その最善の努力にもかかわらず，規制は，新規事業者に対する既存事業者の優位を完全には相殺できそうにない。

ほとんどの国の競争政策当局も，既存事業者が非競争的な分野で有する競争制限能力を抑制する役割をはたしている。しかしながら，上と同様の理由で

(既存事業者の情報上の優位，競争法の執行手続きの遅延および不完全さ，既存事業者の反競争的行為に向けた革新インセンティブ，執行決定を遅延させるような法手続きの利用，および執行の遅延や不十分さに直面する新規参入者の競争上の不利益)，競争法の執行も既存事業者の新規参入者に対する優位を完全には相殺できそうにない。

連邦取引委員会は，行為規制を効果的に行うのは困難であるとし，そのことを電力産業との関連で，次のように強調している。

「発・送電サービスの所有と管理・運用の統合を保持することで，(垂直統合は) 統合された電力会社に，規制による制約から逃れる術を見出すインセンティブを，またその機会を与えている。制約から逃れることができる一つの方法は，遅延や不確実性といったリスクに対し，短期の送電サービスの感応度を操作することである。これは，貯蔵できない生産物に固有の方法といってよい。送電部門の所有者は，託送の承認手続きを巧妙に遅らせたり，その手続きを複雑にすることで，自分の発電所を実質的に優遇することができるのである」。

「オープン・アクセスおよびそれに見合った取扱いを命じるルールを作っても，電力産業ではそれを監視し，執行するのは非常にむずかしいであろう。なぜなら，それを成功させるためには，ルールにより，送電部門の所有者は自分たちの経済的な利益を無視しなければならなくなるからである。また，統合された事業者が競争相手に提供する託送サービスおよびその料金は，彼が自分の関連会社に提供するサービスおよびそこで課す料金と等しくなければならないが，それを保証するためには，事実上，取引ごとに規制による監視が必要となる。だが，反差別的な規制の遵守を執行し，それを監視するのは，サービスの質が時間帯で変化する場合には，きわめて困難である。電力はまさにそうしたサービスの典型例である。電力は1

時間単位で販売される。そのため，市場のダイナミックス——したがって，市場力行使のインセンティブと能力——は，日々，時間の経過に伴い変化するが，規制当局は事実上，条件が変わる前に市場力の行使に介入することはできない。送電部門の所有者の行為を制限するのは，理論上は可能だとしても，実際上は困難である。事業者の行為を，一定の時間に，一定の場所で抑制できたとしても，それは，他の時間，他の場所でも抑制できることを保証するものではない」(19)。

統合が接続規制に及ぼす影響については，米国ベル（垂直分離された電気通信会社）とGTE（垂直統合されたライバル電気通信会社）の接続協定の比較研究のなかで，その影響が解明されている。この研究によれば，統合された会社であるGTEに対する接続交渉はより多くの時間を要し，かつ成功する可能性が低い。GTEの交渉スタンスはベルよりも組織だっており，攻撃的である。また，接続規制がなされているにもかかわらず，GTEがサービスを提供している地域では，参入は全体的に見て低調である。このような諸結果については，次章で詳しく検討する。

要約すると，統合された企業に対し有効な規制を行うには，規制当局と規制制度に多くのものを求めなければならず，その行為に関しより厳しいコントロールが必要となる。しかも，そうしたからといって，既存事業者の反競争的な行動インセンティブを完全に消去できるとはかぎらないのである。これに対し，垂直分離は，規制当局に対する要求を軽減し，既存事業者に対する行為規制をより軽い，効率的なものにし，一般的に競争を促進する可能性が高い。

注意すべきは，垂直分離も完全には事業者のアクセスを制限するインセンティブを消去するわけではないということである。われわれはこれまで，垂直分離の下では，非競争的な分野は，分離することで競争的なサービス分野の競争を増進し，それが非競争的なサービスへの需要を高めることになるので，すべてのアクセス需要（少なくとも規制された料金で）に応えるインセンティブを持つと論じてきた。しかし，これが常に正しいわけではない。新規のアクセス需要のなかには，それを認めると実際には非競争的なサービスへの需要を削減するものもある。

例えば，垂直分離されたガス輸送会社が，ガスが生産されるA地点から消費されるC地点までガスを輸送していると想定しよう。いま，A地点とC地点の中間にあるB地点でガス田が発見されたとする。このケースにおいて，生産者にB地点でのアクセスを認めてしまうと，ガス輸送会社のサービス範囲は，B地点－C地点の輸送サービスに縮小してしまう。B地点でのアクセスを認めることで，ガス輸送会社は輸送サービスに対する需要を失うことになるのである。

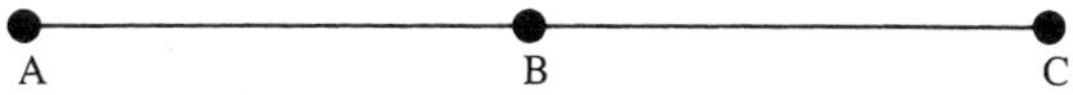

この例では，新たなガス田の発見が当該産業の競争の見通しを変化させるため，問題が発生する。B地点で生産されるガスは，A地点のガスと競争するだけではなく，A地点からB地点へのガス輸送とも競争関係に入る。この新たなガス田の発見をもってガス輸送システムの一部も競争にさらされることになる。こうして，B地点で輸送パイプラインを分離することを通して，輸送会社にB地点でアクセスを認めるインセンティブが復活を見ることになる。いまやこの輸送会社にとって非競争的な分野はB地点からC地点までのパイプライン輸送ということになり，競争的な分野はB地点で引き渡されるガスの輸送市場ということになる。

だが，この種の分離は，ガス産業ではあまり起こりそうにないし，電力産業ではもっと起こりそうにない。そこでは，大口需要家と同じ場所か，その近隣に位置する小規模発電事業者（地域に「埋め込まれた」[embedded] 電源ないし「地域分散型」[distributed] 電源として知られている）が，とりわけ送電網のボトルネックの近くで，送電サービスに代わる重要な代替サービスを提供している。連邦取引委員会は，次のように注記している。

> 「規制された，利潤志向的の『分離型送電会社』は，送電と代替電源の競争を増進するような措置（例えば，負荷ポケット［load pockets］への取り組み）を控える可能性がある。負荷ポケットの内では，送電容量の拡大と新規の電源ないし発電能力の拡大は，タイトな負荷状況を軽減するのにかなりの程度相互に代替的である。……競争上の危険は，『分離型送電会社』がいかなる電源に対しても自分自身の送電資産を優遇するインセンティブを持っており，それゆえ負荷ポケットでの新規電源の建設を妨げるおそれがあるということである。例えば，送電会社は，新規発電会社の電力を負荷ポケット内部の系統に接続するのをわざと遅らせることもできる。そうした措置を採ることで，送電会社は，そうしなければ徴収できないような最高額の送電料金を，より長時間かつ長期間にわたり徴収することができるのである。そうすることで，負荷ポケットの外部からの送電容量の利用が増加するからである」(20)。

こうした悪しきインセンティブに取り組むために，連邦取引委員会は「運営アンバンドリング」として知られる一つの政策を提唱した。運営アンバンドリングとは，非競争的な事業を非営利事業主体（non-profit entity）のコントロールの下に置くことで，接続を妨害するようなインセンティブをなくそうとするものである。運営アンバンドリングについては，以下でさらに検討する。

2．垂直分離は情報を改善し，内部補助を消滅させる

構造分離が分離型企業のインセンティブに及ぼす影響に加えて，われわれがここで考察している垂直的な産業構造だけではなく，より一般的に適用できるような，被規制企業および非規制企業の構造分離に関する議論に目を通すこと

も重要である。

第一に，いかなる規制手続きにおいても，被規制の事業体に関し，信頼できる費用情報を入手するのは困難である。だが，その事業体が別の所有の下に別の企業として分離される場合には，非競争的な分野について信頼できる費用情報をより容易に入手できる。なぜなら，分離は，内部移転価格を用い企業の内部で費用や利潤をグルグルと移し変える機会を減少させるからである（また，そうした慣行をより透明なものにするからである）。したがって，非競争的な分野が統合された事業体の一部を成している場合に比べ，垂直分離されている場合のほうが，規制当局はより容易に効率的な規制を実現できるのである(21)。

第二に，被規制企業ないし国有企業は必ずしも利潤最大化を目標に事業を行っているわけではない。そのため，それが長期的には必ずしも利益につながらない場合にさえ，反競争的な内部補助を行う可能性がある。被規制企業が競争的な市場で事業を行う企業を抱えている場合には，常にその企業は自分の競争的な分野を補助するために非競争的な分野で得た利潤の一部を用いるおそれがある。いわば競争を制限する危険性があるのである。これに対し，垂直分離は，競争的な事業を非競争的な事業から分離することで，そうした内部補助の発生を防止するといってよい(22)。

こうした考察は，なぜ被規制企業は関連のない市場への参入を禁止したいわゆる業務範囲制限に服さなければならないのか，その理由を一般的に説明するものである(23)。

3．垂直分離は範囲の経済性を喪失させる

垂直分離の大きな不利益は，所有分離が，統合から生じる費用の節減に損失をもたらす可能性があることである。経済学者はこうした範囲の経済性の源泉

についてさまざまな要因を指摘している。それによれば，垂直統合は情報の利用可能性を高める（より効率的なインセンティブ契約を許す）。また，取引費用を削減し，ホールド・アップ問題（取引相手が自社と継続的に取引することがわかっていなければ，企業は関係特殊的な，サンク［埋没］する投資を行うインセンティブを持たなくなるという問題——訳注）を克服することで，関係特殊的な資産への投資を改善する可能性がある。さらに，二つの事業レベルの一方ないし双方で市場力と結びついた歪みを削減する可能性がある。

だが，こうした費用効率性の諸源泉の多くは，少なくとも部分的には，独立した企業間の契約取り決めによっても開発できる。したがって，垂直分離の費用を理解するには，統合の下で達成される費用効率性と契約取り決めによって達成される費用効率性を比較検討する必要がある。垂直統合のケースと同一の効率性を達成できる垂直的な契約取り決めがあれば，範囲の経済性は無視できる問題である。

費用効率性の諸源泉のうちの一つは，とりわけ検討に値する。技術革新から発生する取引費用の上昇が，ここでの問題となる。最終消費者向けのサービスで重要な技術革新が起こると，競争的な事業と非競争的な事業の両分野で投資が必要となるであろう。例えば，鉄道の支線が炭鉱に敷設されている場合，石炭輸送の技術革新は，鉄道インフラを変化させるかもしれない。そして，そうした変化は，インフラ整備と列車運行という二つの事業が統合されている場合には，より容易に実現されることになる。もちろん，契約取り決めも原理的には一定の技術革新が生じたときに守るべき手続きを定めることができるが，実際には技術革新の性格，タイミング，および見通しが不確実であるため，そうした取り決めは実行不可能となる。

非競争的な事業分野の価格が，（規制にもかかわらず）限界費用を上回る場合には，統合にある種の効率性の根拠が生じる。その理由については「ボック

ボックス1：なぜ統合なのか？　垂直統合から生じる経済効率上の利益

このボックスでは垂直統合から生じる経済効率上の利益のいくつかに光を当てる。経済学者は垂直統合には三つのタイプのインセンティブがあると指摘している。第一は，関係特殊な投資（relationship-specific investment）が存在するときに生じる取引費用を削減しようとするインセンティブである。第二は，情報の非対称性を改善しようとするインセンティブであり，二つの企業の間で適正な（arms-length）インセンティブ契約を交わすことで効率性を改善する試みといってよい。第三は，一方ないし双方の市場で市場力の行使から生じる歪みを削減しようとするインセンティブである。

関係特殊な投資の古典的な例は，炭鉱の入口に位置する石炭火力発電所である。経済学者は，このようなケースでは，取引費用の問題が，実際，長期的な垂直契約か，垂直統合を導くと考えている。川下の企業が川上の企業の増産努力に口をはさまなければならないような場合には，インセンティブ契約を改善した，垂直統合のような事例が発生する。こうしたケースでは，垂直統合によって，川上の企業と川下の企業はインセンティブ契約を取り決めなくてもすむことになる。

このボックスでは，焦点を上述した3類型のうちの最後のケース，すなわち市場力の行使から生じる歪みを消去する試みに絞ることにする。こうした歪みは，より一般的には，非競争的な分野の価格が限界費用を上回るときにはいつでも発生するし，企業が規制されているときでさえ発生する。例えば，非競争的な分野で規模に関する収穫逓増が存在し，かつ規制当局が被規制企業の固定費用を直接的に補助することができない場合には，規制価格は限界費用を上回らなければならないであろう。この場合，効率的な価格は平均費用に等しくなる。だが価格が限界費用から乖離する場合には常に全体的な厚生損失をもたらすような経済的な歪みが生じることになる。

川下の顧客が（最終消費者ではなく）自分の生産過程で用いるために川上の財（中間投入財）を購入する企業であるような場合，限界費用を上回るような価格設定は，最終消費者に直接販売するときには生じない経済的な歪みを誘発する。第一に，川下の生産過程が完全に競争的ではない場合，川下の生産過程は独自の追加的なマーク・アップを付加することになる。これは「二重の限界化」の状況をもたらし，その最終価格は，統合企業によって設定される価格より一段と高くなる（おそらく独占価格よりも高くなるであろう）。第二に，川下の生産過程が他の中間投入財でそれを代替させることができる場合にも，当該生産過程は，たとえそうすることが非効率であっても，限界費用を上回る価格で価格づけを続ける誘因にかられよう。最後に，川下の企業が最終財の質の改善ないし需要の拡大に努めなければならないときに，中間投入財のコストの上昇で利幅や売上高が低下すると，そういう努力に向けたインセンティブは収縮してしまうことになる。

市場力を有する（川上の）企業は，自ら厚生上の利得を摑める場合には，こうした歪みを消去しようとするであろう。歪みを消去する一つの方法は，二部料金制を用いることである。料金の限界部分が限界費用と等しく設定されれば，市場力の行使による歪みは消滅する。企業は厚生上の利得を引き出すために料金の固定部分を利用することができる。問題は，二部料金制というのは必ずしも常に実行可能ではないということにある。川下の顧客が自分たちの間でその財を取引することができる場合には，独占企業から直接購入するよりも顧客からその財を購入するほうが，安くつくことになる。二部料金制が実行不可能な場合，既存企業は単純な線形価格の使用を余儀なくされるが，それは不可避的に限界費用を上回る限界価格を帰結することになる。

だが，たとえ企業が線形価格の使用を強いられても，企業が川下の顧客層を完全に差別化でき，限界的な顧客に限界費用を課すことができる場合には，限界費用を上回る価格設定による歪みを削減または消去することができる。とはいえ，ここでも，川下の顧客が自分たちの間で財を取引できれば，価格差別戦略は実行不可能となる。

垂直統合は，企業に再販のコントロールを認めることで，独占企業が市場力の行使によってもたらされる歪みを削減するのを支援できる。垂直統合を行うことで，企業は自分の川下にいる子会社に限界費用と同じ価格で「販売する」ことができるようになり，独占的なサービスも川下で効率的に利用されるようになる。部分的な垂直統合も，価格差別戦略を支援できる。需要の弾力値が高い川下の企業と統合することで，独占企業は，独占的なサービスをより低い内部移転価格で「販売」する一方，需要の弾力性の低い川下企業にはより高い価格で販売できるようになる。また，垂直統合は，企業に最終消費者への直接アクセスを可能にすることで，企業が持っている需要の弾力性に関する情報を改善することにもなる。

ス１」でより詳細に説明されている。簡単に言うと，非競争的な分野への接続に関し，その限界価格を限界費用以上に引き上げると，川下の企業が回避しようとするある種の歪みが発生する。例えば，競争的な分野が他の中間投入財で川上企業のサービスを代替でき，かつ一定の生産量をさまざまな生産要素の組み合わせで生産できる状況にあっては（いわゆる「可変的な要素投入比率」），限界費用を上回る非競争的なサービスの価格設定は，川下の企業に当該中間投入財の利用を控えさせ，非効率に他の代替財を充当させかねない。また，川下の市場が不完全な競争市場である場合には，川下の企業は最終財に追加的なマーク・アップ（利幅）を追加するため（「二重の限界化」[double marginalisation]，垂直的な流れの中で，少なくとも二つの事業レベルで独占が存在し，それぞれが限界価格ではなく，限界収入を限界費用と等しくするように行動することによって発生する二重のマークアップ——訳注），産出高が減少し，総厚生の損失が増大することにもなる。規制当局は，二部料金制ないし価格差別——垂直的な契約取決めの形態——を利用して，こうした効率性ロスの克服に努めるであろう。いずれのアプローチによっても，限界価格が限界費用を超えないようにすることはできる。だが，そうした調整は，川下の顧客間の再販売を防止できる場合にしか実行できない(24)。この点，垂直統合は，（企業ないし規制当局が）(25)再販売を防止できない場合にも，企業に効率性ゲインの獲得を可能にする。企業は再販売をおそれることなく，その中間投入財を川下の関連子会社に限界費用で販売することができるからである。

他方，川上の企業ないし規制当局が川下で顧客の間の再販売を防止できる場合には，垂直的な契約取り決めを通して効率上の成果を達成することができる。このケースにあっては，統合は追加的な費用・便益をもたらさない。例えば，川下の競合企業に最低限の数量の購入を義務づけるような契約取り決めを交わすことにより，「二重の限界化」の問題を克服することができる。もう一つ例を挙げれば，「抱き合わせ」（tie-in，企業が独占的な製品を求められたときに，別の製品も一緒に購入するよう顧客に求める行為——訳注）ないし「バンドリング」(bundling，二種類以上のまったく違う製品を単一の価格をつけた一つのパッケージとして提供する行為——訳注）といった戦略も，「可変的な要素投入比率」の問題の中で明らかにされた歪みを解決できる。川下の企業に対し別の中間投入財の購入を要求することによっても，川上の企業は，川下での中間投入財の相対的な費消に歪みを発生させないようなやり方で，そうした中間投入財の価格設定を確保できる。

範囲の経済性の損失に加えて，垂直分離は，統合された企業の解体・再編との関連でもかなりの一時的費用を発生させる。この費用は，分離に関連した費用・便益のトレードオフ関係の重要な一部分を成している。

残念ながら，理論で垂直的な範囲の経済性の可能性を認識することと，実際にその度合いを算定・評価することとは，まったく別の事柄である。規制当局は範囲の経済性を正確に評価するのに必要な情報を持っていないかもしれない。だが，垂直分離を支持する立場から立証責任制度を設けることができれば，それにより垂直統合の賛同者の側に範囲の経済性の度合いを実証するというインセンティブが生まれよう。

いくつかのケースにあっては，垂直分離は分離された企業の価値を高める可能性がある。換言すれば，垂直統合には範囲の不経済性が存在しているかもしれないのである。関連市場において競争制限に利益を見出す被規制企業は，統合することで重大な効率性ロスを生む場合にも，統合を選択する可能性がある。そうした効率性ロスの源泉の一つとして指摘されているのが，「経営の焦点」(management focus）の喪失である。二つの部門を運営するのに必要な経営スキルはまったく異なっているかもしれない。英国ではブリティッシュ・ガスが分離されたが，その後，分離された事業の合計価値額は，統合されていた時の価値額の２倍以上にも増大した(26)。

結　論

統合された企業は川下のライバル企業を差別する強いインセンティブを持っている。このインセンティブを克服するための行為規制は困難な壁に直面し，完全には有効に機能しないであろう。経験が示すところによれば，競争の水準と質は，垂直分離ないし運営アンバンドリングの政策の下で一段と高まる可能性がある。その際，比較衡量されるべき費用・便益には，それが競争に及ぼす効果，規制の質および規制の費用に及ぼす効果，組織構造の修正に要する一時的な費用，そして垂直統合から生じる経済上かつ公共上の利益などが含まれる。そして，それらは，検討の対象となる国の各産業が有する経済的特徴に基づき測定されなければならない。米国の連邦取引委員会の競争政策局長は，行為的アプローチと構造的アプローチのトレード・オフ関係を，次のように要約している。

> 「行為的アプローチはいくつかの欠点を有している。第一に，行為的アプローチでは排他的行為を行うインセンティブおよび機会をなくすことはできない。ルールによりそうした機会を制限することに努めることはできるが，ルールが回避されることも多々ある。第二に，ルール違反を発見するのは困難である。例えば，接続における差別はサービスの質を巧妙に低下させることでも可能であり，その影響を確認し，計測するのはきわめて困難である。第三に，行為ルールは，その遵守に関し，長期間の監視を必要とするが，これは費用のかかるプロセスでもある。これに対して，構造的アプローチは命令の遵守に関する監視費用を最小化する。例えば，企業の分離・売却命令（divestiture order）が出される場合，その措置は，通常，短期の監視しか要求しない。なぜなら，そこでは監視の主たる機能は，その命令が要求している仕方で分離・売却がなされているか，それを確認することに置かれるからである。……しかしながら，一定の問題に対し，

ビジネス機能の完全分離を求める純粋な構造的アプローチを採るとなると，話は別である。その場合には，費用がかかるし，実行もむずかしいことを認めなければならない。また，それにより，統合の持つ効率性が犠牲にされるかもしれない」(27)。

競争を促進し，規制の質を向上させるうえで，構造分離が利益をもたらすというのであれば，それに賛成する妥当な根拠も存在するはずである。連邦取引委員会は，次のように述べている。

「われわれの反トラスト法の執行，規制緩和の監視，および被規制企業のリストラでの経験は，サービスをアンバンドルするには運営分離ないし事業の分離・売却が好ましいということを強く支持している」(28)。

このような確信は，競争的な分野で競争が非効率的に制限される危険を最小化するものである。また，それは，統合賛同者が持つインセンティブ，すなわち統合の効率上の利益の証拠を示すといった活動に火をつけることにもなる。

他方，フランス政府から提出された意見書は，ECは構造分離を求めておらず，会計分離によって支えられるアクセス規制に信頼を寄せている（電力指令96/92/CEおよびガス指令98/30/CEにおいて）と注記している。反競争的行為の防止については，「垂直統合された事業体の中心部分で独占の周りに張りめぐらされたファイヤー・ウォール（Chinese walls，人や資金の移動の制限，情報の遮断――訳注）と一体となった会計分離が，アクセス規制に良き保証を与えている」というのが，フランス当局の見解である(29)。

Ⅲ．公益事業におけるさまざまな構造分離アプローチ：その経験の検討

実際にはどのような産業で垂直分離が採用されているのであろうか。また，いかなる形態の垂直分離が選択されているのであろうか。さらに，垂直分離が反競争的行為や競争の増進に及ぼす影響とはどのようなものであろうか。本節では，こうした問題を検討する。

1．序　　節

以下この章では，多くの国および産業で選択された分離アプローチを比較検討する。いくつかのケースでは，加盟国のアプローチを類型化するのがむずかしいケースもある。所有分離は常に黒白がはっきりしているわけではない。一つの会社は他の会社の所有権をさまざまな比率で保有することができる。また，統合が許されている場合にあっても，統合された企業の競争的な部分に課される規制ないし物理的な制約が競争能力を制限することもありうる。さらに，国のほうも，通常，単一の政策に固執することはないであろう。いくつかの競争的な事業は分離されても，他の競争的な事業は分離されないこともあるのである。

垂直分離の影響に関する研究においては，分離に関する国の選択が競争水準などの市場結果と関連づけられるのが，理想的である。だが，そうした対比にはいくつかの障害が存在する。国々を分離アプローチ別に分類できる場合でも，そうした分離アプローチの国際的な比較や評価は，次の諸事実によりますます困難となる。

（a） 分離の適切な形態は各国かつ各産業に特殊な要因に依存している

ある国では明らかに自然独占である設備が，他の国ではある程度競争を支持するものであるかもしれない。したがって，選択された分離度の相異は政策上の正当な違いを反映しており，さらなる規制改革の余地があるということではないかもしれない。例えば，ガス・パイプライン（導管）の間に高度な競争が存在する国では，ガスの生産を輸送から分離する必要などないかもしれない。同様に，空港間に高水準の競争が存在する場合，そうした都市の空港では航空機の運行を空港の所有から分離する必要などないかもしれない。

（b） 分離を規律する法的要件は，競争の現実を正確に反映していないかもしれない

分離を規律するルールが欠如していても，そのことは必ずしも統合が認められていることを意味するものではない。例えば，競争法による規制が統合を防止しているのであれば，そうした法的要件など必要ないかもしれない。たとえ統合が認められても，例えば，競争的な分野で産出量を拡大する統合企業の能力が制限される場合には，そうした統合は反競争的行為をもたらさないかもしれない。他方，法的要件が存在していても，それらは積極的に執行されないかもしれない。これとは別に，企業間の長期的な契約取り決めが，たとえ企業の所有形態は技術的に異なっていても，共同所有と同じように当該企業の利益調整を可能にしているかもしれない。

（c） 規制当局の努力は分離の欠如を一部代替するが，その努力と技量の客観的な測定は不可能に近い

より強く，より繁く，そしてより広範に介入することで，一国の規制当局はある程度分離の欠如を埋め合わせることができる。その結果は国により異なるが，それは規制当局の観察不可能な努力差を反映しているだけか

もしれない。

（d）国有企業はここで検討する産業の多くでいまだ重要な役割を果たしているが，その目標および競争への影響はしばしば不明瞭である

国有企業の存在は，競争を促進することもあるし（例えば，国有企業が非競争的な部門への接続をあまり制限しない場合），競争のない状態（例えば，国有企業がライバル企業に十分に対抗できるような柔軟な予算制約を有する場合）をもたらすこともある。それでは国が垂直的に関係する二つの企業（例えば，ガスの生産と輸送）の所有者である場合，国はその地位をどのように用いることになるのか。両企業に協調行動をとらせるのか，それともあたかも完全に独立しているかのように両企業を運営するのか。

（e）独占の地理的範囲は通常一国の範囲より小さいので，国がいつも比較の適当な単位というわけではない

多くの連邦制国家においては，多様なシステムが同時に共存しうる。そうした国の中には，一方で垂直分離を要求し，他方で垂直統合を認めている国もある。こうしたケースにあっては比較の適当な単位は国ではなく，州，地域，もしくは都市である。他面，こうした国内の多様性は分離効果の「自然科学的な」実験にかけがえのない機会を提供している。オーストラリアの鉄道産業や英国，米国の電力産業は，多様な構造を同時に提示している。

（f）こうした産業はすべて流動的な状態にある

いくつかのケースでは，構造分離がつい最近実施されたため，その効果を測定できない。ほかにも，政府が下した決定がいまだ法律ないし規制のなかに反映されていないケースがあるかもしれない。

こうした理由で，われわれの課題は，競争水準と選択された分離アプローチとの間に体系的な関連を見出すことにはない。それに代わって，われわれは，各産業について非競争的な分野と潜在的に競争が可能な分野を確認し，競争の促進が可能な分離アプローチの範囲を確定したく思う。その上で，各国が選択した政策をそうした分離アプローチ群と比較検討する。また，適切と思われる場合には，さまざまな分離アプローチを採っている国と分離を現行レベルで保持しようとしている国の経験にも言及する。

余談ではあるが，われわれは，ここではおもに川上ないし川下の競争的な分野で競争促進を意図した構造分離を問題とする。もちろんこのほかにも競争を促進するのに適った分離形態は存在する。とくに，自然独占の地域会社への分離・分割は，ヤードスティック規制を可能にし，規制の質を高めることができる。また，被規制企業にはしばしば本業と関連のない競争的な分野への参画が禁じられている。これは，被規制企業が規制当局に本当の費用を隠したり，競争的な事業分野で競争を歪めるのを防止するためである。だが，こうした分離の動機については，ここではこれ以上触れないことにする。

2．空港，港湾，道路

いくつかの被規制産業にあって，垂直分離は疑問の余地もないほど大きな役割を果たしている。その中には航空，港湾，および道路も含まれている。

これら産業のいずれもが，インフラの提供という点では，基本的に自然独占なのではなかろうか。ある空港は他の空港と，ある港湾は他の港湾と，そしてある道路は他の道路と（また，相互に）競争できるが，個々の空港，港湾，および道路が実質的な市場力を発揮できることは自明といってよい。とはいえ，空港と航空会社，港湾と海運会社，そして道路と道路ユーザーが統合されることなどめったにはないのである。

とくに空港に焦点を絞れば，空港サービスにおける競争の余地は，ある程度，空港それ自体が他の空港との関係などで直面している競争水準に，また空港の組織化のあり方に依存している。空港間に有効競争が存在している場合には，空港と航空会社の間の統合を許すことさえ考えられないわけではない。

滑走路が単一ユニット（事業体）により運営されていても，各ターミナルが異なる航空会社ないし航空会社グループによって運営されているような空港ではターミナル間に競争の余地がある。これは欧州よりも米国で一般的に見られるケースである。また，ターミナル自体が単一ユニットにより運営されていても，例えば，地上取扱い業務やケータリング・サービス（機内食サービス）などターミナルで提供される多くのサービスに競争の余地が存在する。

したがって，こうした競争的なサービス分野で競争を促進するための構造分離は，一般的に次の分離タイプの一つまたは複数に関係している。

（ａ）　航空機の運行の空港サービスの提供（例えば，発着枠の提供）からの分離。

（ｂ）　ターミナル施設の他の空港サービスからの分離。ただし，各ターミナル施設がさまざまな航空会社（グループ）によって運営されている場合。

（ｃ）　地上取扱い業務の他のターミナル・サービスからの分離。

空港と航空会社の分離

航空サービスの自由化に向けた最近の動向を受け，いまやほとんどすべてのOECD加盟国が航空輸送サービスに競争を認めている（国際線の競争は制限的な2国間協定によりいまなお一般的に制限されているが）。また，ここでは，航空機の運行とインフラ・サービスとの垂直分離が一般的になっている。事実上すべてのケースで，航空輸送サービスは空港インフラ・サービスの提供から分離されている。例えば，オーストラリアからの報告によれば，空港は航空会社の株式保有に上限枠5％の制限を課されている。

スロット（発着枠）が調整されている空港では，輸送サービスの提供に当たり，スロットへのアクセスが必要不可欠となるため，スロット調整者が空港アクセスをコントロールする立場に立つ。このことが，スロット調整者と既存の航空会社の役割を分離すべきではないかという問題を引き起こす。EU 域内では，理事会規則（No. 95/93）が，スロット調整機能の既存航空会社からの分離に関し，一定のルールを定めている。この規則の下，スロット調整者はその責任を中立的，非差別的，かつ透明なやり方で果たすよう，要求されている。加盟国はスロット調整者に「独立した」行動ができるよう，保証しなければならない(30)。

表 A-1と表 A-2は欧州各国のスロット調整機関の現状を示したものである(巻末参照，以下同)。完全にスロット調整がなされている空港を持つ欧州諸国は，そのほとんどがスロット調整機関についてクラブ所有の形態を選択している。スロット調整機関は，通常，航空会社のグループ（フランス，オランダ，および英国)，航空会社と空港から成るグループ（デンマーク，イタリア)，もしくは航空会社と政府から成るグループ（スウェーデン，ノルウェー）によって所有されている。ドイツだけはスロット調整者の任務に対し（航空）産業から資金がまったく提供されていない。ただし，いずれのケースにあっても，所有者である航空会社（「クラブ」のメンバー）は国内航空会社に限定されている。そのため，外国航空会社による空港アクセスを阻害しないかどうかが問題となる。フィンランドやギリシャでは，スロット調整機関は既存の航空会社によって所有されており，職員もそこから派遣されている。完全にスロット調整がなされていない空港を持つ欧州諸国は，概して，スロット調整を既存航空会社から分離するような選択をいまだ行っていないのである（表 A-2）。

既存航空会社にスロット調整機能を認めるのは，現実的にも危険である。イタリアでは，1996年以前には，スロット調整機能はアリタリア航空によって担われていた。アリタリア航空はこの地位を利用して競争を制限した。そこで，イタリア反トラスト当局が介入し，スロット調整機関をより中立的なものにするよう求めた。1997年の文書で，イタリア反トラスト当局は次のように注記している。

「最近まで，運輸省はスロット配分の遂行任務をフラッグ・キャリア（アリタリア航空）に割り当ててきた。アリタリア航空は自社の職員の一人を調整者に指名していた。スロットを割り当てる際，調整者はまず正確に既得権（すなわち，前シーズンにスロットを使用していた既存事業者による要求）を優先し，ついで他の要求を，いわば再調整されるべき既得権（すなわち，既存事業者間でのスロットの交換）を同様に優先し，最後に新規のスロット要求を先着順に，しかも定期運航をチャーター運航に優先させて処置していたようである。だが，それへの監視は非常に限られたものでしかなかった。その原因の一部は不十分なデータ収集とコンピュータ・システムの不備にあったといってよい。またスロットのプール制度も確立されていなかった」。

「1996年の反トラスト当局の決定は，スロット配分手続きにおける潜在的な競争事業者に対する差別的な取扱いがフラッグ・キャリアの支配的地位の濫用に当たることを明らかにした。反トラスト当局による介入の結果，アリタリア航空はクリアランス（離着陸許可）の調整者としての任務を一部放棄した。現在，運輸省が完全にクリアランスに責任を有する独立機関の創設を検討しているところである」(31)。

ターミナル・サービスと地上取扱いサービスの分離

ターミナル間の競争促進を試みていない空港において地上取扱い業務に競争を導入するには，地上取扱い業務と他のターミナル・サービスをある種の形態で分離する必要がある。1995年に，欧州委員会の競争総局のジョン・テンプル・ラングは，地上取扱い業務を他の空港サービスから完全に分離するよう，訴えかけている。

「大規模空港は，地上取扱い業務を行う会社を二つ認めるべきである。**それらは利益の衝突を避けるため，空港それ自体からも，航空会社からも独立していることが望ましい。**二つの会社は，空港の選好しだいで，空港全体にわたり存在してもよいし，ターミナルごとに存在してもよい。空港が，航空会社との協議と公開入札の公示を終えた後で，こうした会社の指定に責任を負うことになるであろう。空港ないし航空会社は，当然のことながら，これまでの地上取扱い業務をスピン・オフ（事業の分離・売却）することもできる。その際，空港には自分の思い通りの地上業務が認められてしかるべきであろう」(32)。

しかしながら，欧州委員会は地上取扱い業務とターミナル・サービスの完全分離を求める決定を行わなかった。それに代わって，指令96/67/ECは，（特定の例外はあるが）空港は少なくとも二人の地上取扱い業者を配置しなければならないこと，少なくともそのうちの一人は空港から独立していなければならないこと，しかもそこでは地上取扱い業務と他のサービスとの間に厳格な会計分離が設けられるべきことを要求している。

欧州航空協会（Association of European Airlines）が行った調査によれば，地上取扱い業務の料金は空港全体が利用者に課している料金の一大部分を占めており，地上取扱い業務で競争が進んでいない空港ほど料金は高くなっている。また，この調査は，おもにヨーロッパの36の空港で，空港使用料を算定している。この調査は空港使用料に影響を及ぼす要因を完全に精査したものではないが，その結果は示唆に富んでいる。空港を料金水準に従い格付けすると，もっとも使用料が高い九つの空港はすべて駐機場取扱い業務（ramp handling）が独占的になされていることが判明した。料金が低い，それに続く下位の14の空港はすべてその取扱い業務に競争を導入していた(33)。

表A-3は，OECD加盟諸国における空港サービスの構造分離に関する状況を要約したものである。

3．電　力

電力産業では，競争的な分野は発電分野，「小売り」，「販売」，「小売り供給」といった言葉で知られている業務，および電力の市場取引であることが一般的に認められている。小売り等の業務においては，事業者は最終消費者と発電・送電・配電会社を結ぶブローカーとして活動することになる。

他方，配電には，大きな密度の経済性（economies of density）が存在しており，とくに小規模顧客に対しそれは顕著である。送電には規模の経済性が存在するが，需要の度合いや発電事業者と消費者の地理的な位置関係によっては，ある程度競争導入の余地があるかもしれない。

したがって，電力産業の競争的なサービスにおいて競争を促進するための構造分離は，次に掲げるアプローチをいくつか組み合せたものとなる。

（a）　発電の送電・配電からの分離（後者はクラブ所有か，運営アンバンドリングの形態を採るであろう）。

（b）　小売り・販売・小売り供給の送電・配電からの分離（後者は同様にクラブ所有か，運営アンバンドリングの形態を採るであろう）。

（c）　配電の送電からの分離。

最近の電力改革に続いて，ほとんどすべてのOECD諸国が何らかのかたちで電力分野にも競争を認めるようになってきている。その中には，ある消費者グループに発電事業者との直接契約を認めるといったことも含まれている。その場合には，供給される電力は，規制された料金で送電・配電網を通して最終需要家のところまで運ばれることになる。供給者を選択できる消費者グループの規模は，時がたつにつれ一般的に拡大してきている。また，いくつかの国は，「販売」ないし「小売り供給」の分野で明示的に競争を促進している。

発電の送電・配電からの分離

欧州委員会は，送電と他の電力事業を一定程度分離するよう，加盟国に求めている。指令96/92/EC は，送電系統が発電および配電事業から独立していない場合には，少なくとも系統運用者はその運用条件において送電系統とは関係のない他の事業部門から独立していなければならないとし，系統運用の独立性を要求している。電力会社が垂直的に統合されている場合には，加盟国は，送電網の管理・運用者が当該電力会社の他の事業部門に秘密の情報を伝えないよう，保証しなければならない（すなわち，いわゆる「ファイアー・ウォール」を設けなければならない)。最後に，統合された電力会社(事業体)は，その内部会計において，発電，送電，および配電事業に関し，分離会計を維持しなければならない。また，統合された電力会社は，たとえそれが別の独立事業体により実施されていようと，非電力事業については別の会計を用意しなければならない。

多くの国は，欧州委員会の指令が求めた内容をはるかに超えた改革を行っている。すなわち，運営分離（ベルギー，近い将来にアイルランド，イタリアも採用)，完全な構造分離（オランダ，ニュージーランド，ノルウェー，ポルトガル，スペイン，フィンランド，イングランドおよびウェールズ，オーストラリアのいくつかの州，そして近い将来にブラジルが採用）が進行しているのである。

最近の OECD ワーキング・ペーパーは，電力産業の規制改革に関する国際的な実証研究を含んでいるが，その中で発電と送電の分離が価格，効率性，および品質に与えた効果を検証している。ボックス 2 に示されているように，この研究は，発電と送電を完全に所有分離した国が，平均して，より高い効率性,

ボックス２：電力：構造分離が価格，効率性，品質に与える効果

最近のOECDワーキング・ペーパーのなかで(34)，スタイナー（Faye Steiner）は電力産業の自由化と民営化がその発電部門に与えたインパクトを評価している。彼は，19のOECD加盟国が10年間にわたり実施したパネル（公開討論会）に提出された規制指標を再構成し，規制改革が効率性，価格，および品質に及ぼした影響を検討し，さまざまな電力改革戦略の相対的な効果を評価している。各国横断的な，時系列レベルのデータが揃うことで，各国に特有の規制改革効果を個々確認できるようになったのである。

スタイナーは，発電と送電の分離の度合いが大きい国ほど産業向け価格が住宅向け価格に比べ低廉であることを明らかにしている。そうした国は，第三者アクセス制度（第三事業者に不可欠設備へのアクセスを認めるオープン・アクセス制度であり，交渉型――当事者の自主性が重んじられるが，通常，同時に料金の公表が義務づけられる――，シングル・バイヤー型――最終需要家は自分の供給事業者と他の供給事業者との間の価格差の裁定取引が許されることになる――，および規制型――アクセス料金を外部から規制する――という三つのタイプがある――訳注）を実施するか，スポット卸市場を創設している。

また，スタイナーは，規制が効率性に与えた効果を測定するため，効率性の代理変数として設備稼動率を用いている。彼は，発・送電の分離と民間所有の拡大の両方が稼動率を増加させていると指摘している（第三者アクセス制度のような他の影響因子については，統計的に有意でなかった）。

品質については，それが「供給の品質ともっとも密接に関係している発電局面にかかわっている」ということで，現実の供給予備力（最大需要を見込んだ時の予備供給力――訳注）と最適な供給予備力とのギャップがその代理変数とされている。彼は，この尺度により，発・送電の分離がまさに品質を改善することを明らかにしている。ただし，ここでも，第三者アクセス制度の存在は，統計的に有意な効果を示さなかった。

より高い品質，そして住宅向け価格に対しより低い産業向け価格（これは競争の利益によるところが大きい）を実現していると指摘している。

いくつかの国から，競争政策当局は電力分野において最終的に採択された分離案よりもっと厳しい分離形態を支持する議論を行っているとの報告があった。アイルランドの競争政策当局は，電力供給部局（ESB）による送電インフラ所有の継続に関する提案を競争の進展にとって有害であると見なし，それを批判している[35]。チェコの経済競争擁護庁（Czech Office for the Protection of Economic Competition）も，送電系統の所有は発電から分離される必要があることを強調している[36]。ハンガリーの競争政策当局は，電力分野の垂直分離問題に関し，その見解を次のようにきわめて明快に表明している。

「わが経済競争擁護庁は，競争を唱導する活動の一環として，ここ数年間，競争的な分野と非競争的な分野の分離を支持してきた。これについて，われわれは，1999年，競争政策の原理を含むブックレットを発行した。電力分野に関しては，競争庁は系統の管理・運用と高圧送電網を他の事業から分離することがもっとも重要であると考えている。また，われわれは，長期的には，地域・地方配電網を他の事業から分離することが望ましいと考えている。さらに，われわれは基本的には完全分離（所有分離）を望ましいものと考えている。したがって，ここでより寛容な，過渡的な分離形態を一時的に容認・支持するのは妥協の産物であり，戦略的考慮の結果である。それというのも，われわれは完全分離をもっとも満足のいく，明快な解法と考えているからである。その上，部分的な統合ないし完全な統合から生じる効率上の利益が，こうした考え方はわれわれが主張する解法とは対立するが，調整会議に参加している既存電力会社によりもたらされているとも思えないのである」[37]。

いくつかのケースで，既存の分離レベルが不十分であることが解明されている。フィンランドでは電力事業のアンバンドリングを調査しているワーキング・グループが会計分離では不十分なことを明らかにし，次のようないっそう明快な構造分離を提言している。

「2000年6月のワーキング・グループの報告書およびそれを継承・発展させた貿易・産業省（Ministry of Trade and Industry）の見解によれば，現在の電力事業活動の会計分離には明らかに欠陥があり，より透明な分離が必要とされている。報告書によれば，分離問題の発生源は，電力事業のアンバンドリングに関する曖昧な規定，さまざまな事業への費用配分と利潤配分にある。法律の中にも，電力会社が独立の事業部（系統管理・運用機関）を組織化する方法については，詳細な記述は見当たらない。また，会計分離に関してもなんら有効な公式ないしモデルが定められていない。付言すると，共通費をさまざまな事業の間に均衡が採れるように配分するというやり方にも問題がある。というのは，現行の規定は，資本がどの事業部門に，どの程度属するのかという問題について，明確な算定の指針を与えていないからである。アンバンドリングに関する規定の欠陥は，とりわけ電力市場法（Electricity Market Act）で定められた内部補助の禁止や系統の管理・運用に関する合理的な価格設定を監視するのを，困難にしている」。

「ワーキング・グループは，現行の電力事業のアンバンドリングに関する規定を簿記においてもっと厳格にすべきことを，また分離をもっと透明なものにすべきことを提案している。後者は，とくに共通費の配賦で問題となる。同グループは，また，系統の管理・運用は既存会社とは別の法人組織，例えば国有企業，共同組合，自治体連合体に担当させるべきであると提言している。またそこでは，系統ライセンスの保有者は，同一系列会社の電力取引に参加できないようにすることが，またある種の例外は認めるものの，電力を生産できないようにすることが望ましいとされている」(38)。

米国では，電力の規制当局は，当初，発電と送電の分離に関し，機能分離の形態を課しただけであった。そこで，競争政策当局が，より強い分離形態を求

ボックス3：米国電力産業の構造分離

米国の電力産業は州レベルと連邦レベルの二つで規制されている。主要な規制当局は連邦エネルギー規制委員会（Federal Energy Regulatory Commission, FERC）である。この10年の改革の波が押し寄せる以前には，電力産業は，傍らに数多くの連邦所有の公益系電力事業体（そのいくつかは非常に規模が大きい）と自治体営の電力事業体を配置しつつ，おもにいわゆる投資家所有の電力会社として知られる（“IOUs”），垂直的に統合された数百の民間電力会社から構成されていた。

遍在する垂直統合企業は，FERCからいろいろな形態で発電を送・配電から垂直分離するよう，求められている(39)。1996年に採択された指令（Order）888では，FERCは機能分離を求め，競争のセーフガードとして，いかなる人も電力会社の誤った行動やFERCの市場監視について苦情を申し立てることができる手続きを整備した(40)。だが，競争政策当局は，それ以前に機能分離を超える運営分離を勧告しており，所有と管理・運用の完全分離が持つ長所に言及していた(41)。連邦取引委員会（FTC）は，次のように論じていた。機能分離は，電力会社の競争相手に対する差別化インセンティブおよび差別機会をそのままの状態で放置している。そのため例えば遅延などでサービスの質が巧妙に引き下げられるとき，監視によってそれを発見するのは，時宜に適った条項の修正と同様，非常にむずかしくなっている，と。

もっと最近になると，FERCは運営分離か，発電施設の送電会社からの分離・売却か，そのいずれかを求める提案を行っている。1995年以降の経験を考慮して，FERCは一応，「送電サービスの提供に引き続き残されている垂直統合企業による差別的取扱いは，……完全に競争的な電力市場を妨害することになるかもしれない」という結論を出している(42)。連邦取引委員会は，最近のこうしたFERCの提言にコメントを寄せ，以下のような意見を述べている。

「ここ数カ年の電力産業の経験は，いまや一つの懸念を，すなわち発電と送電の両部門を所有し続ける電力会社が送電サービスを提供するところでは差別的な取扱いが残ることをはっきりと裏づけているように思える(43)。送電網の所有者が自分の発電資産を優遇するような差別的な取扱いを行っていることに対する苦情——また，それを是正するFERCの措置——は，いまや全国に広がっている(44)。こうした苦情は，差別が巧妙な形態で行われていることを申し立てている。例えば，独立系小売業者の取引に利用される送電容量の事後評価に見られる偏向などが，それである。したがって，われわれは，行為ルールは，FERC が電力卸市場に競争を導入したときに増進を図った競争の利益に影響を与えることはなかったという FERC 自身の評価を支持する次第である」(45)。

「告示（Notice，規制ルールの作成手続きの一部であり，パブリック・コメントの招請を知らせる通知――訳注）を見れば，電力卸市場の競争促進に努めてきた FERC の軌跡を概観することができる。その道程の重要な一里塚（milestones）の中には，FERC が垂直統合された電力会社の合併を承認する条件として要求した，送電サービスにオープン・アクセスを提供するという初期の努力も含まれている。列記すると，最初は FERC のオープンアクセス・オーダー（指令）888，オーダー889であり，この命令は FERC によって規制されているすべての電力会社に対し送電サービスへのオープン・アクセスの提供を求めたものである。続いて，送電を発電から分離し，運営アンバンドリングを促すいわゆる独立系統運用者（ISO）に関するオーダー，そして独立送電会社（Transco，送電設備を所有し系統運用も行う私企業を指す。送電設備を所有せずに系統運用を行う私企業 Gridco とは対称的な，ISO，RTO［後述］の発展的な組織形態――訳注）の設立案に関する検討がこれに続き，運営アンバンドリングないし全国規模での発電資産の送電資産からの分離・売却を完成させるという現在の告示に至るのである。告示の見解はさらに敷衍され，既存のオープン・アクセスの行為規則や散在する独立系統運用者は，電力市場で競争を継続的に発展させるだけの十分な基礎を成していないとの結論に達している(46)。これは，われわれが発電事業者と送電事業者のインセンティブに関し抱いていた理解と，またオーダー888，889を検討中の1995年にも表明したが，電力市場の立ち上げ時に生起した出来事に関し抱いていた理解ともまったく一致している。その当時，われわれは，『運営分離は機能分離よりも効果的なものになるであろう。……集中が進んだ発電市場の競争問題はなおオープン・アクセスの下で取り扱われなくてはならない。また，……効率的な送電料金設定はオープン・アクセスを伴うものでなくてはならない』と指摘していた」(47)。

「認定された地域送電機関（RTO，オーダー2000に従い送電線を所有，運用するすべての電気事業者が，公平かつ広域的な送電サービスを行うために自主的に設置した送電線運用機関。RTO は四つの特性［独立性の確保，地域的規模の確保，運転制御の権限など］と七つの機能［送電料金の設定，送電線混雑の管理など］を備えることが要件とされている――訳注）において送電が発電から分離されたが，その基本的な理由は送電サービスへのアクセスにおける垂直差別の脅威にあった。送電における垂直差別は重大な懸念材料となる。なぜなら，送電技術は相変わらず送電には大きな規模の経済性が存在することを示しており，それが発電源と負荷との間に代替的な送電サービスを提供することで，発電市場の有効競争を排除してしまうからである[48]。送電における垂直差別の脅威は，それが感知される場合には一定のリスクを生み出す。そのリスクは，送電資産の運用者が所有する発電設備と競争するため，別の事業者が発電事業投資を，また電力取引のスキル（訓練と専門知識）獲得に向けた投資を躊躇することに関連している。こうしたリスクに気づくと，発電企業やトレーダーは参入を思いとどまり，発電市場での有効競争はますます後退することになる。削減される供給力（発電市場への参入の減少）と市場の痩せ細り（取引の減少）は，かかる垂直差別が存在しない場合に比べ，消費者にはるかに高い価格をもたらすことになるであろう。

送電アクセスにおける垂直差別に関する懸念は，既存の送電資産，発電資産に対してだけではなく，そうした資産の拡張に対しても等しく当てはまる。送電事業の所有者は，新規の発電事業者に系統接続サービスを提供する際にも，また送電系統の拡張計画を選択する際にも，差別を行うことができる。系統接続サービスの条件や契約条項をめぐり差別ないし不確実性が存在すると，採算性やタイミングの点で，新規発電事業への投資にはリスクが生じることになる。将来の系統拡張計画の差別的な選択は，現行の差別と同様，新規参入者の将来収益について不確実性を増大させることで，新規参入計画を中断させることができる（例えば，新しい送電網を差別的に設置することで，需要家の参入者からの電力需要を大幅に削減することができる）。発電市場への参入を消滅ないし遅延させることで，もしくは参入を別の用地にそらすことで，送電事業の所有者は自分の発電施設にのしかかる競争圧力を軽減することができる。このことは，とりわけ予想される参入者の発電設備が自分のそれより効率的であるような場合に当てはまる。だが，こうした差別の結果，消費者はより高い電力価格を支払うことになる。なぜなら，より効率的な発電事業者は参入できず，非効率な事業者に取って代わることができないからである。

加えて，われわれは，告示の次のような評価にも同意する。

関連会社化された送電会社は，……たとえ精巧な競争保護装置が用意されても，市場参加者によって信頼されないかもしれない。……われわれは，市場参加者は競争のセーフガードなどいずれ有名無実なものになると疑うのではないかと考える。とりわけ市場参加者が地域送電機関は自分の関連会社を有利に取り扱っていると考える場合には，彼らは発電ないし電力販売に必要とされる投資を行うのを躊躇するかもしれない(49)。

われわれはまた市場行動に関する行為コードは，施行コストと不確実性のため，この問題を解決しそうにないという告示の見解にも同意する(50)。

われわれのオープン・アクセスに関するコメントでも述べたように，行為を伴う機能分離に代わりうる別の分離形態は運営分離（ISOs）と発電事業の分離・売却である。発電事業の分離・売却は，差別化インセンティブを生み出す送電会社と関連発電会社の紐帯を断ち切ることで，系統利用上の差別に対するもっとも明確な構造是正措置を提示しているといってよい」(51)。

める積極的な分離唱導者になった。山と積まれた機能分離アプローチの失敗例を前に，規制当局もついには，ボックス3で説明されているように，もっと広範囲にわたる分離形態を求めるようになった。

クラブ所有ないし共同所有は電力産業ではめったに見られないが，まったくないわけではない。イングランドおよびウェールズのナショナル・グリッド・カンパニー（National Grid Company）は，12の地域配電会社によって設立された初の共同所有形態の会社である。

小売・販売・小売り供給の送電・配電からの分離

小売・販売・小売り供給と呼ばれる事業の構造分離を明示的に選択している国はほとんどない。例外的な国はニュージーランドである。そこでの経験は，競争を促進する上で会計分離が持つ限界を明らかにしている。ニュージーランドは，電力改革の一環として発電事業を送電系統から分離し，それらをそれぞれ別の独立会社の下に置いた。配電事業は，歴史的な経緯もあり，それ以前から長期にわたり送電系統から分離されていた。この発・送電の分離によって，発電事業，小売り供給への参入が認められたが，すばやく動いたのは配電会社である。配電会社は，地域に「埋め込まれた」発電設備をもって発電事業に迅速に参入し，自分の傘下の小売り供給会社を通して電力を販売するようになった。もちろん，発電や小売り供給といった競争的な分野で活動するために，配電会社は，競争的な分野と非競争的な「配電分野」との間に分離会計を設けなければならなかった。

だが，高度に詳細な会計情報の公開を求めたにもかかわらず，会計分離制度は反競争的な行動を防止するのに十分ではないことが判明した。ニュージーランド政府は，1998年4月7日に，もっと完全かつ強力な分離形態を課すことを決定した。それは，配電会社に，彼らの配電事業をトラスト（所有と管理・運用の分離形態の一つ）の下に置くか，もしくは彼らの発電事業と小売り事業を分離・売却するか（2003年12月末までに），そのいずれかを選択するよう，求めるものであった。とくに政府は配電会社に以下のことを要求している。

・配電事業に携わる事業者は，電力の小売りないし発電に関係する事業で10％以上の株式を所有してはならない。逆のケースも同様である。
・配電事業に携わる複数の事業者は，電力の小売りないし発電に関係する事業で合計20％以上の株式を所有してはならない。逆のケースも同様である。
・同類の規則により，配電事業に携わる事業者は，電力の小売りないし発電に関係する事業者に対して，契約によるものであろうが，取引協定によるものであろうが，もしくは相互理解によるものであろうが，物理的な影響力を行使してはならない。逆のケースも同様である。

実際には，配電会社は予想された以上に迅速にこの分離命令に応じた。1999年4月1日までにすべての配電会社は自分たちの発電および小売り子会社を分離・売却していた。

OECD 諸国の電力産業における分離に関する現状は，表 A-4 に纏められている。

4. 天然ガス

天然ガス産業においても，電力産業と同様，広く捉えれば，ガスの製造と「小売り」は競争的な事業といえる。これとは対照的に，ガスの配給には相当程度，規模および密度の経済性が存在している。ガスの輸送にもかなりの規模の経済性が存在しているが，いくつかの国では，ガスの製造者と消費者の地理的な位置関係が，輸送部門にある程度の競争を許している。また，ガスの貯蔵施設がほとんどなく，貯蔵施設へのアクセスが競争の維持にとって重要な課題となりうる国もある。加えて，天然ガスは電力発電のための重要な中間投入財でもある。ガス市場で支配的な地位を占める会社が発電事業を垂直的に統合すると，価格を引き上げ，ライバルの発電事業者に対しガスの利用を制限しかねない。いくつかの国は，ガスの輸送／配給事業と電力発電事業の統合に制限を設けることで，この問題に対処してきた。

したがって，ガス産業において競争を促進するための構造分離は，一般に次の分離タイプの一つないし複数に関係することになる。

（a） ガスの製造の輸送／配給からの分離，

（b） 小売りの輸送／配給からの分離，

（c） ガスの貯蔵の輸送／配給からの分離，

（d） 配給の輸送からの分離，

（e） ガスの輸送・配給の発電事業からの分離。

他の分野と同様，比較的最近になって，ガス分野の改革は競争の範囲を大幅に拡大した。ほとんどの国が少なくとも一部の顧客層にガスの供給源の選択を認めるようになったのである。そこではガスは，規制された託送料金で，その輸送・配給網を通して運ばれることになる。

輸送・配給からのガス生産の分離

多くのOECD諸国は,天然ガスに関しては，目立った国内供給者（生産者）を持っていない。そうした国では，政府が輸送／配給資産の国内所有を強要する伝統があり，そのことが歴史的に生産資産（外国企業によって所有されている）と輸送／配給資産（国内企業によって所有されている）の間にある程度の分離をもたらしている。だが，こうした分離は必ずしも有効競争の可能性を表わしているものではない。

ECのガス指令（98/30/EC)は，ガス会社に，ガスの輸送，配給，および備蓄活動に関し，分離会計を維持することを要求している。当該活動があたかも別の事業者により実行されているかのように分離会計をつけることを要求しているのである。欧州委員会は，次のように述べている。

> 「いくつかの加盟国（オーストリア，スペイン，イタリア，アイルランド，オランダ，および英国）は，ガス指令の要求をはるかに超えて，統合されたガス会社から輸送事業と商業的な取引活動を分離する措置を検討・追求している。だが，他の加盟国（ベルギー，デンマーク，ドイツ，フィンランド，フランス）には，こうした最低限の要求を超えて改革を行う意思があるようには思えない」。

> 「輸送（システム・オペレーションを含む）と小売り供給の間にアンバンドリングを指示する法的な規定が欠けていることが，ネットワークへの非差別的なアクセスの一大障壁に，また支配的地位の濫用の源泉になっているとの指摘もある。完全な法的アンバンドリングも，ガス産業内部の構造変化もないような状況にあっては，規制制度は，非差別的なアクセスを保証するため，強力な行為規制を実施するしかないであろう」(52)。

だが，国際エネルギー機関（IEA）は行為規制の限界を認め，われわれと同様，より強力な分離形態を提唱している。

「競争相手に対し輸送条件を……決定できる統合された独占ガス会社は，……潜在的な競争相手がインフラを利用するのを妨害し，排除するインセンティブを持っている。また，そうした独占会社は，営業機密情報に特権的にアクセスできる立場にあり，またそうした情報を利用することもできる。……規制はこうした問題をすべて解決することはできない。少なくとも情報問題は未解決のまま残されることになるであろう。公益系ガス会社が虚偽情報を提供しても，多くの場合，規制当局がその真偽を立証（ないし確認）するのは不可能である。もし競争相手／顧客の非差別的な取扱いを保証できないというのであれば，この情報問題は非常に困難な事態を生み出すことになる。それゆえ，輸送と販売取引活動のアンバンドリングが必要不可欠な措置となるのである」。

「この点では，ECのガス指令が要求しているような各事業活動の内部分離会計は，十分なアンバンドリングを構成するものではない。また，それは営業機密情報への特権的なアクセスという情報問題を解決するものでもない。ここでは，ガス会社は二組みの会計を作成する誘惑に駆られるかもしれない。一組みは規制当局向けの「いい加減な」会計，もう一組みは自分向けの本当の会計といった具合に。したがって，効果的なアンバンドリングを行うには，少なくともガス会社の輸送部門と販売取引部門を二つの関連子会社に分割・別会社化する必要がある。ただしこうした要求が，当該ガス会社に過度に求められてはならない。そうした分割は法的整備を通して比較的容易に導入されよう」。

「……純粋な競争政策の観点からは，……アンバンドリングのさらなる前進が図られなければならない。ガス輸送が別会社化された場合，それは

> ファイヤー・ウォールで包囲されなければならないし，ガスの営業問題に影響を及ぼす持株会社次元の意思決定からも独立していなければならない。これは実行が非常に困難である。それゆえ，**輸送部門を他のすべてのエネルギー関連事業から分離・売却し別会社化することが，法律的にも，実際にも，可能であるならば，そのほうが好ましい選択であるといえよう。**また，競争（政策）は，例えば，貯蔵への非差別的なアクセスを推進するために，貯蔵，スウィング・サービス（供給の意図的な中断を可能にするサービス――訳注），バックアップ・サービス（供給が遮断された場合の臨時の供給支援サービス――訳注）を輸送，販売取引活動から切り離すよう，求めるかもしれない。……われわれは競争のロジックからも，貯蔵を輸送並びに販売取引活動から分離・売却することを提言する」(53)。

他の国々からも，構造分離の不十分さについて苦情が出ている。アイルランドにおいては，「競争政策当局は，アイルランド・ガス庁（BGE）に対してその輸送・配給事業を一括し，独立の国有企業として設立することを求めている。同当局は，分離会計を維持するだけでは，独占ガス会社が反競争的な行為に出るおそれを消し去るのに十分ではないと考えている」。

ガスの製造を輸送から分離する道を選んだ英国の経験は，興味深いものである。ボックス4にその経緯が記されている。

貯蔵と輸送・配給の分離

貯蔵の分離に関しては，さまざまな国が実に多様なアプローチを選択している。例えば，英国では，貯蔵にアクセスできる容量が定期的に開催される入札制度の下で競売にかけられている。また同時にスポット市場では「仮想の」貯蔵設備，すなわち現実の貯蔵設備とは異なる，貯蔵容量が弾力的に確保できる仮想の貯蔵設備・手段が利用できるようになっている。イタリアでは貯蔵へのアクセスは当局により規制される予定である。他の多くの国も，貯蔵へのなん

ボックス４：天然ガスの垂直分離：ブリティッシュ・ガス（BG）のケース(54)

イギリスのガス産業における競争の欠落に失望して，独占・合併委員会（MMC）は，1988年に，ブリティッシュ・ガスに対してアクセスの料金および契約条件について情報を公開するよう，またBGのアクセス交渉に携わる事業部とガスの購入・小売り販売に携わる事業部との間にファイヤー・ウォールを設けるよう，勧告した。３年後の1991年に，公正取引庁（OFT）は，この行為規制は競争を刺激するには十分ではなく，追加の構造是正措置が必要であるとの結論に達した。同庁は，完全な事業の分離・売却こそ最善の選択肢であると主張したが，ガス輸送会社と貯蔵会社を別個創設するという案を妥協案として受け入れた。

1993年，ガス産業のさらなる見直しに続いて，MMCはその勧告をさらに前進させた。すなわち，BGは1997年３月末までにその小売り販売（小売り供給）事業を分離・売却する必要があると勧告したのである。MMCは，競争相手が輸送ネットワークと貯蔵施設に非差別的にアクセスできる場合にのみ，競争は維持可能であると主張した。そして，「BGの事業の統合的な性格は，……競争の維持に欠かせない必要条件を与えることができない」と注記している。たとえBGが，OFTとの約束で同意したように，輸送と小売り販売で別の独立子会社を設けても，BGと競争相手の利害対立の問題は解決されないであろう。それまでも相場の値づけやメーターの読みで遅延があったばかりか，輸送料金の水準・体系やBGの競争相手に対する運用上の要求も競争相手の競争能力に影響を与えていた。規制当局であるオフガス（Ofgas）は，それ以前から，競争相手に不利に働く輸送容量の不足や輸送価格の上昇，BGの輸送サイドに有利に働く資産・コストの配分，および情報の隠蔽などがある場合には，完全分離がなされないと，競争相手にとってネットワークへのアクセス問題が発生する可能性があると主張していた。情報が非対称的であるとすれば，そうした行為に関する規制は，費用がかかり，かつ困難なものとなる。MMCは，垂直分離なしには競争は維持可能ではないと考えた。他面，小売り供給での競争は望ましいものであった。そのため，MMCは，状況は公共の利益に反する方向に動いていると結論し，BGの小売り販売事業の分離・売却を勧告したのである。

MMCは，垂直的な産業再編の費用を，10年間で毎年１億3,000万ポンドと見積もり，その分は回収されなくてはならないと注記していた。そこで，MMCは，オフガスはBGがそうした再編費用の適正な一部を顧客に転嫁するのを認めるべきであり，輸送費用や貯蔵費用の設定でそれに配慮すべきであると勧告した。

MMCの見解では，将来の有効競争にとって不可欠な条件（*sine qua non*）は完全垂直分離であった。これにはかなりのコストがかかるが——需給調整制度が設けられなければならず，小売り販売と輸送の間の範囲の経済性が失われ，取引費用が発生することになる——，MMCはそうしたコストは競争の期待利益を上回るものではないと論じていた。MMCは，BGの試算額を引用しながら，……だがそうした試算額は不確実なものであり，過大に見積もられている確率が高く，いずれにせよBGの小売り供給事業の規模に比べれば小さい……と主張していた。

構造分離に関し他の選択肢も検討されたが，MMCによって棄却された。BGの小売り販売事業を別々の地域会社に分割する案がオフガスによって提起されたが（1993年），MMCがそれを取りあげることはなかった。関連費用が巨額であったばかりでなく，そこでは競争相手の数も問題にされていなかったからである。また，電力産業の垂直分離路線に沿って，BGを全国規模および（可能ならば）地域規模のガス輸送会社に分割し，地域配給・小売り供給会社を配置すべきであるとの提言もなされたが，これも棄却された。巨額な費用がかかるばかりか，地域配ガス網への非差別的なアクセスを保証するのはむずかしいと判断されたのである。同様に，MMCは，貯蔵システムが輸送から分離されるべきであるとは考えていなかった。BGの貯蔵施設は季節のピーク需要に備えるだけではなく，安定供給のためにも用いられているからである。ただし，MMCは貯蔵施設の会計分離は望ましいと主張していた。それを見て競争相手も自ら貯蔵施設を設置しようとするであろうというのが，その理由である。

ここで学ぶべき教訓は，統合された独占体が民営化される以前のほうが，競争を促進するための構造改革はずっと容易に達成できるということである。電力産業の民営化に際し，政府はガス産業とはかなり異なるアプローチを採用したが，そのことは政府がブリティッシュ・ガスのケースで犯した誤ちを認めるのにそう長くはかからなかったことを示している。

らかのアクセスが必要であると考えている（とはいえ，ドイツやデンマークでは，アクセスは貯蔵容量が利用できる場合にしか，またそうしたアクセスが「システムと効率的に接続するのに技術上避けられない」場合にしか認められていない）。フランスでは，貯蔵へのアクセスは，競争法と一定の優先事項（公共サービス義務［PSO］，非競争市場向けの貯蔵ニーズ，系統運用者のための貯蔵ニーズ)[(55)]に服することになっている。

表A-5は，ガス産業においてOECD諸国が選択した分離形態を纏めたものである。

5．鉄　　道

ほとんどの国で，列車運行サービスの提供は競争が可能な事業であるが，軌道，信号システム，およびそれらに関連した鉄道インフラは大部分が非競争的な事業である。だが，国によっては，同一目的地に向け異なるルートをたどる鉄道路線間で競争が行われる余地がある。これは，とくに長距離鉄道に当てはまる。加えて，鉄道輸送機関は他の交通機関との間でかなり強い競争にさらされている。

したがって，この分野で競争を促進するための構造分離は，一般に次の一つないし複数の分離タイプに関係することになる。

（a）既存事業者のより小さな，地域的に統合された（鉄道網を有する）鉄道事業者への分離・分割。

（b）列車運行事業の軌道などインフラ供給事業からの分離。

地域ネットワークへの分割

鉄道網をより小さな，地域鉄道網に分割することには，二つの利点がある。第一は，それにより，地域鉄道網は，複数の鉄道網が運行サービスを提供するルートに関し，相互に競争を行うようになることである。第二は，各地域鉄道事業者は，他の事業者の鉄道網を利用して目的地まで列車を運行することで利益を得るため，各自が，アクセス権ないし軌道利用権の交渉プロセスのなかである程度対抗力を持つようになることである。

少数の国が，地域列車運行網を創設するというアプローチを選択した。そのよい例が，メキシコと米国の鉄道事業である。メキシコの経験は興味深い。というのは，地域鉄道網に基礎を置いた鉄道会社が数社存在するだけではなく，メキシコシティの一大ターミナルが彼らの共同所有の下に置かれているからである。メキシコシティで鉄道サービスを提供している主要3路線の鉄道事業者の各々が，ターミナルの25％を所有し，残りの25％を政府が所有しているのである。

米国の鉄道事業に関しては，欧州運輸相会議（ECMT）が，そのアプローチの利点と弱点を次のように明らかにしている。

> 「北米の鉄道は，しばしば互恵的な基礎に立ち，通常は相互協定により，競争相手に線路使用権（アクセス権）を与えている。交渉がうまく運ばない場合には，規制当局が介入し，線路使用権の条件および料金設定に関し，鉄道会社に適正なアクセス条件を要求できるようになっている。線路使用権は，また，競争が侵蝕されないようにする管理手段として，鉄道会社間の合併の諾否を決める条件にもされている。このシステムは，米国およびカナダからなる北米地域で，競争を維持するのに十分機能してきたように思える。ただし，紛争の諸事例は，理論的にはオープン・アクセス（鉄道網の開放）が存在しているのに，軌道所有者が，多かれ少なかれ，巧妙に参入障壁を設ける方法が多々あることを明らかにしている」(56)。

米国のある重要な事例は，次の二つの重要な効果に光を当てるものである。一つは，こうした分離形態が競争に及ぼす正の効果であり（それは，再統合が認められる場合，どの程度競争が失われるかを解明することで証明される），もう一つは，行為的アプローチがこの分野の競争の推進に果たす負の効果である。行為的アプローチは鉄道分野の競争を促進する上でほとんど有効ではないのである。米国司法省は，こうした効果につき，次のように記述している。

「……（こうした効果は）1996年のユニオン・パシフィック（Union Pacific）とサザン・パシフィック（Southern Pacific）の合併事例に明確に見てとれる。この合併は，米国の西部地域に三つしかない大鉄道会社のうちの，二つの鉄道会社の企業結合にかかわるものであった。司法省（DOJ）は，この合併取引に対して，次のような結論を下した。この合併計画は，多くの市場で鉄道事業者の数を三つから二つに，地域によっては二つから一つに減らすため，競争を大幅に削減することになるであろう。事業者が提案している是正策（西部地域の第三番目の鉄道事業者に線路使用権を与える，という）も有効に機能するようには思えず，どう見ても損害を是正するには不十分である，と。こうして，司法省は事業者によって主張されている効率性の向上は合併が競争に与える損害を上回るものではないと判断し，陸上交通委員会（STB）に対しこの合併申請を拒否するように勧告した。だが，STB は司法省の勧告に従わなかった。司法省の見解というより，事業者が主張している効率性の向上など合併がもたらす便益のほうに重きを置いたのである。同委員会は，事業者の数が二つから一つに減っても，線路使用権が十分に直接的な競争に代わりうるものになると理解していた。合併後，西部地域（West）では鉄道サービスに大幅な支障が生じ，荷主に何十億ドルかの損失が発生した。さらに，線路使用権は合併で失われた競争に取って代わるほど有効なものではないとの苦情も数多く寄せられている」(57)。

OECD による対米規制改革審査は，こうした貧弱な成果を明確に行為的アプローチへの過度な楽観視と関連づけている。

「STB がこの合併を承認した理由の一つは，自らが介入すれば，合併によって生じるであろう市場力の問題を十分に是正できると固く信じていたところにある。しかし，今日までの行動を見るかぎり，STB は，問題が自然消滅するのを期待しているだけのように思える。STB は，鉄道事業者と荷主の双方に対し，サービス問題について対話を発展させ，軌道および施設を荷主に適正に割り当てることが可能な基準について議論するよう，求めている。また，STB が是正しなければならない市場力の問題について，その確認方法の助言を託せるような専門家を指名するよう，求めている。このことからも明らかのように，STB は，自らが合併を承認することで助長した実質的な市場力の行使にかかわる問題を解決する能力を持っているようには思えないのである」(58)。

軌道網と列車運行の分離

会計分離の形態にとどまるものの，多くの国が列車運行を軌道インフラから分離する措置を採っている。欧州運輸相会議は，鉄道分野で競争の利益を完全に享受するには，会計分離以上の措置が必要になると見ている。

「多くの国が，少なくとも会計分離を目的に，鉄道インフラの列車運行からの分離を実施してきた。これは，新規の鉄道事業者——EC 指令（95/18/EC）の要件に沿いライセンスを付与された鉄道事業者——に対しインフラへのアクセスを提供するための，また非差別的な取扱いを基礎にした競争基盤をこの分野で整えるための，十分ではないが，必要な措置であるといえる。だが，たんなる会計分離は，いくつかの国が選択しているものの，競争基盤の整備にとっては最低限の答えでしかない。ほかに，もっと複雑な分離形態を選択している国もあれば，全国規模の鉄道会社の内部組織を点検・整備している国もある。上下分離については，一握りの例がすでに存在するもの，いまだそれほど広まっていない。とはいえ，多くの国が，とりわけ中欧・東欧の諸国が鉄道インフラと列車運行に関し，法的に独立した事業主体を創設する計画を発表している」。

「現在進行中の鉄道分野の自由化は，現時点でみられる分離ケースに比べ一段と明瞭に鉄道インフラと列車運行の分離を追求するものになるであ

表Ⅲ-1　所有形態，インフラの分離，軌道へのアクセスに関する国別分類

インフラの分離と所有形態	オープン・アクセス	限定されたオープン・アクセス[60]	非オープン・アクセス
インフラを分離，民間企業	英国 ビクトリア州（オーストラリア）[61]	―	―
インフラを分離，公営企業	スウェーデン ルーマニア ニューサウス・ウェールズ州と州際鉄道事業（オーストラリア）	―	フランス
インフラを分離，公共部門に所有された共同持ち株会社の子会社	ドイツ オランダ ポーランド	―	―
垂直統合された公営企業	イタリア チェコ共和国 クィーンズランド州（オーストラリア）	―	―
垂直統合された民間企業	オーストラリア南部地域	米国 カナダ オーストラリア西部地域[63]	ニュージーランド 日本[62]

出典：ECMT (2000)，表1，12頁。

ろう。こうしたステップは，鉄道インフラへのアクセス（接続）を拡大し，鉄道インフラ間での通過輸送（transit）を増加させるための前提条件を成している。そして，それが次には欧州鉄道網のさらなる発展とより効率的な鉄道利用に向けた基礎ともなるのである」[59]。

表Ⅲ-1は，鉄道事業の産業構造および第三者アクセスに対するOECD諸国のアプローチを纏めたものである。

鉄道インフラの列車運行からの完全な所有分離が，オーストラリア（連邦レベルで），英国，およびスウェーデン（そして，列車運行にまだ競争は導入されていないが，デンマーク）で実施されている。2001年には，オランダでも所

ボックス５：鉄道事業における垂直分離：オーストラリアの経験

連邦政府は，独立の軌道インフラの供給事業者としてレイル・トラック社（Australian Rail Track Corporation）を設立し，同社に州際鉄道網の基幹部分を所有させ，それへのアクセスを適正に管理・運用させることで，州際鉄道事業の所有，会計，および運行部門を分離した。これと同時に，独立の事業体，ナショナル・レイル社（National Rail Corporation）が州際および州内の貨物輸送サービスを供給することになった。しかしながら，オーストラリアの鉄道事業の一大部分は，相変わらず，連邦政府ではなく州政府によって規制されている。したがって，分離の度合いも州によって異なっている。例えば，ニューサウス・ウェールズ州は，軌道（トラック）の所有とメンテナンスを旅客・貨物の運行事業から分離している。だが，ウエスタン・オーストラリア州，クィーンズランド州，およびタスマニア州は，上流のインフラ事業と下流の列車運行事業を分離していない。

鉄道運行事業者が構造的に分離されているニューサウス・ウェールズ州では，鉄道委員会（Commission）は，反競争的な行為に関し，鉄道運行事業者に対する不満・苦情をあまり受け取っていない。他方，（会計分離がなされているにもかかわらず）いまだ鉄道事業が統合されているクィーンズランド州では，運行事業者の行動に関し，かなりの苦情が寄せられている。鉄道委員会は，市場力の濫用を取り扱ったオーストラリア競争法のいくつかの条項に照らして，そうした苦情の一つを調査しているところである。申し立てられている苦情は，鉄道事業者が第三事業者よりも下流にいる傘下の運行事業者に対しより低い価格で軌道（トラック）へのアクセスを提供している，というものである。ただし，ウエスタン・オーストラリア州の鉄道事業者に対しては，そうした苦情は寄せられていない。そこではいまだ事業主体は法人化されておらず，全体的に統合されたかたちで鉄道サービスが提供されている。

州際鉄道事業では，取引慣行法（Trade Practice Act）の下，アクセス制度と構造分離が競争の水準およびその質に多大な影響を及ぼしている。取引慣行法のなかにアクセス条項が導入される以前には，州際鉄道網を使用する事業者はナショナル・レイル社しかいなかった。しかし，いまでは，この鉄道網上で貨物サービスを提供する鉄道運営事業者は五人もおり，旅客サービスを提供する運営事業者も一人いる。このことは，構造分離，法人化，およびアクセス条項が，州際鉄道貨物事業の競争を新たな次元に引き上げたことを示している。同国の鉄道産業評価によれば，メルボルンとパースの間の州際コリドール（回廊）地帯での貨物運賃は，構造分離とアクセス条項の導入以降，25％も下がっている。同様に，ニューサウス・ウェールズ州の鉄道網の垂直分離も，それ以後，貨物運賃を20％ほど下落させたと評価されている。レイル・トラック社は，州際貨物鉄道事業者が提供しているサービスの質は，効率性，信頼性の両面で向上していると主張している。

鉄道事業の構造転換に要する過渡的な費用はかなり大きかった。州際鉄道事業の垂直分離は，連邦政府に対し，州際軌道網を所有し，それへのアクセスを管理・運用するための新たな法人組織，レイル・トラック社の設立を要求した。いわば，構造分離は，独立の鉄道運行事業者の設立に費用を課しただけではなく，インフラ会社の設立にも費用を課したのである。アクセス規制の導入に伴う費用もまた過渡期の費用に相当するものであった。

有分離が実施される予定である。アイルランドも，こうした分離を行う計画を立てている。だが，他の多くの国は，構造分離をおもに会計分離，会社分割に頼っている（オーストリア，ベルギー，チェコ共和国，フランス，ドイツ，イタリア，ポーランド，ポルトガル，スペイン，スイス，およびトルコ）。

オーストラリアは，垂直分離の評価に関し，ボックス5のような詳細な報告を行っている。

英国は，鉄道インフラの列車運行からの分離と運行エリアの地域運行事業者への分割を一挙に実行した。だが，鉄道とはほとんど関係のない理由で，その結果は完全な成功とはいえない状態にある。

「民営化の初期段階では，鉄道インフラの管理・運用を除き，鉄道市場の全領域で競争を創出することに重点が置かれていた。旅客運送事業は25の会社に分割され，車両の所有権は3社に分割された。また中心的な貨物運送事業は，コンテナ輸送，石炭・核燃料／廃棄物，小荷物などの輸送を扱う三つの会社に分割され，さらに独立の事業体とされた。だが，会社を売却する時期が到来したとき，大手の三大貨物会社は，コンテナ輸送と核燃料／廃棄物の輸送を除く他のすべての貨物サービスをすでに手中に収めていた単一購入者にそろって売却されるしかなかった。旅客運送のサイドでも，政府は，十分な数の入札者を惹きつけるために，『競争を制限する』規制を導入せざるをえなかった。その結果，フランチャイズの境界に位置する少数の路線区域を別にすれば，2000年まで旅客鉄道事業から競争が締め出されることになった。こうした経験は，市場の分断が行き過ぎであったことを，また鉄道市場が支えることができる競争的な事業者の数は少ないことを示唆している」(64)。

OECD 加盟諸国における鉄道事業の分離・分割の性質と度合いは，表 A- 6 に整理されている。

6． 電気通信

電気通信事業においては，地域（市内）網に規模の経済性が存在するため，また大部分の消費者はごく少数の電気通信網にしか加入せず，かつ他のすべての消費者と通信できることを強く選好することから，既存事業者は，他の電気通信網との相互接続を制限することで，競争を制限する能力を持つことになる。その結果，現在大多数の消費者が加入している現行の電気通信網は，相互接続を拒否することで，ライバル企業の成長を制限する地位に立てることになる。既存の電気通信網がどの程度相互接続の条件を制御できるかは，ライバル企業に対する自分のネットワークの規模に，また相互接続をしない場合のライバル企業の顧客の獲得いかんにかかっている。

したがって，電気通信事業で競争を促進するような構造分離は，概して以下のアプローチのなかの一つか，複数に関係している。

（a） 既存のネットワーク事業者をより小さなネットワーク事業者に分離・分割し，各事業者を各地域の消費者グループに向き合わせること（例えば，既存会社をいくつかの地域会社に分割し，各地域会社に地域通信サービスを提供させるといったやり方)。

（b） ネットワーク事業の非競争的な部分（とくに，利用者につなぐための「最後の１マイル」）を競争的な部分（例えば，長距離通信サービス）から分離すること。

（c） 消費者との接続に用いられる技術を基礎にネットワーク事業者を分離すること(例えば，銅線をベースにした地域電話会社をCATVないしセルラー［無線］方式を利用する会社から分離すること)。

事実上，すべてのOECD加盟国が，相互接続を指示するある種の第三者アクセス制度を基礎に，電気通信産業の競争的な事業分野で競争を認めている。表A-7は，主要な電気通信市場での競争の度合いを纏めたものである。

電気通信産業と放送産業の分離については，その性質が相互所有と両産業の融合に関するOECD報告書のなかで研究されている(65)。その報告書のなかのいくつかの表は，ここでも再掲されている。表A-9は，両産業に共通に課されているさまざまな分離要求を整理して示したものである。

地域通信事業者への分割と長距離通信事業の地域通信会社からの分離

既存事業者を地域通信事業者に分割するやり方は，垂直的に統合されたネットワークの間にライバル関係を生み，相互に競争を促すテクニックの一つである。比較的少数の国がこうした分割手法を選択している。もっとも有名な事例は，いうまでもなく米国である。米国は，1984年に，既存の電気通信会社を(地域・域内通信サービスを担当する）いくつかの地域独占会社と一つの州際長距離通信会社に分割した（その当時，移動体通信サービスはまだ発展していなかった)(66)。米国の電気通信産業制度は，現在世界でもっとも競争的な制度の一つになっている。

米国の制度は，また，貴重な自然実験の材料を提供している。われわれは，ここで同一の電気通信市場における分離・分割された会社と統合された会社の行動を比較検討することができる。米国では非対称規制が敷かれており，ベル系の地域通信会社には長距離通信サービスへの進出が認められていないが，多くの地域でベル系の会社と競争しながら電気通信サービスを提供しているGTEのような民間会社には，垂直統合の維持が，すなわち地域通信および長距離通信サービスの両方の事業展開が認められている。1996年電気通信事業法の施行以降，長距離通信会社は地域通信サービスに参入し，ベル系地域通信会社と競争できるようになった。ベル系地域通信会社とGTEの行動を比較した研究は，統合会社であるGTEとの接続交渉のほうが，より時間がかかり，成功する可能性が少ないことを明らかにしている。GTEの交渉スタンスは，ベル系地域通信会社よりも組織立っており，高圧的である。また，アクセス規制の制度があるにもかかわらず，参入も，全体的に見て，GTEがサービスを提供している地域で明らかに少ないのである。こうした諸結果は，ボックス6でより詳細に論じられている。

ブラジルも電気通信会社をいくつかの地域通信会社と一つの長距離通信会社に分離・分割した。だが，ブラジルにも，米国と同様，こうした地域通信会社と長距離通信会社の再統合を認める動きがある。

欧州連合（EU）を一つの全体として捉えると，既存の電気通信事業者がそれぞれの地理的市場で支配的な地位を占めており，これは米国の各州でベル系地域通信会社が支配的であるのとよく似ている。この意味では，そうした地域的事業者の間で分離・分割を促進するのは，おもに再統合を防止するという問題に帰着する。実際，欧州委員会（EC）は，EUの内部における地域通信会社間の統合を阻止すべく活動してきた。そのもっとも明確な事例は，テリア(Telia)とテレノール（Telenor）の合併計画である。テリアはスウェーデンの支配的事業者であり，テレノールはノルウェーで支配的な地位を占めていた。

ボックス6：電気通信産業の垂直分離：GTE とベル系通信会社の行動

米国では，1983年に AT&T を垂直的に分離するという反トラスト法上の決定が下されたが，それはより規模の小さいライバルの地域通信会社 GTE には適用されなかった。その結果，GTE は，「ベル系の子会社」と異なり，地域および長距離の両方の電話サービスを提供し続けることになった。最近のミニ（Mini）の研究では(67)，地域電話市場にアクセスするために AT&T が地域電話会社との間で行った交渉が比較検討されている。その対象地域は GTE とベル系地域通信会社の双方が地域電話サービスを提供している22の州である。その結果，アクセス交渉において両社の行動には歴然とした違いがあることが明白にされている。こうした行動の違いは，インセンティブの差から生じているといってよい。こうしたインセンティブの差が生じる原因は，以下で議論するように二つある。ミニがによって見出されたインセンティブの差は，その原因を主に次の二点に有しているといってよい。

第一は構造分離の有無である。ミニの研究結果によれば，アクセス協定は，企業が垂直分離の下に置かれているところで，より容易に，かつより迅速に合意されている。1999年3月現在，AT&T は，22のサンプル州のうち，ベル系とはわずかに2州でしか相互接続協定の締結に失敗していないが，GTE とは10州で締結に失敗している。また，GTE とベル系地域電話会社の両方と協定が締結された12州でも，ベル系地域電話会社の11社とは最初の交渉で合意に達しているが，GTE とは最初の交渉で合意に達したのは1社しかなかった。加えて，合意に到達するまでの期間を見ても，ベル系の457日に対し GTE は781日かかっており，GTE との交渉のほうが70％も長いのである。

第二は，既存事業者は垂直統合の下で意図的かつより攻撃的にアクセス交渉を行うということである。ミニは，既存事業者（GTE とベル系地域電話会社）によって要求された地域電話サービスの再販価格を比較している。ミニは，調停に付されたケースで見ると，GTE は，18州のうち15州で住宅向け電話サービスでより高い価格を提示し，また13州でビジネス向けにも高い価格を提示していると指摘している。GTE は住宅向けサービスの小売価格に関し，平均で1.20ドルの割引を提示しているが，これに対してベル系地域電話会社は平均で1.98ドルの割引を提示している。この割引率は GTE にとっては平均料金請求額（月額）の8％に当たるが，ベル系地域会社にとっては13％にも相当するものである。

最期に，アクセス規制にもかかわらず，統合された既存事業者によってサービスが提供されている地域では，参入企業の数が全体的に少ないことである。また，ベル系と GTE の両方のデータが報告されている州では，ベル系は，住宅向け回線の場合には15回のうち12回，またビジネス向け回線の場合には14回のうち14回という高い回線再販比率を有している。さらに，総住宅向け電話回線に占める再販回線の比率で見ると，ベル系は平均で GTE より 3 倍以上も高く（GTE の0.15％に対して0.53％），ビジネス向けの比率で見ても，その平均再販比率（1.32％）は GTE のそれの18倍も大きいのである。

GTE は AT&T の地域通信への参入に明らかにより強く抵抗しているが，それには次の二つの理由が考えられる。一つは，1996年の電気通信事業法それ自体から生じたものである。この法律は，ベル系地域会社に対し，長距離通信サービスへの参入可能性を「(馬の鼻先の）人参」として利用し，その見返りとして地域ベル会社にその地域通信市場を競争に向け開放するよう奨励しているのである。上の結果は，そうした参入可能性が，ベル系通信会社に対し，自分たちの地域通信市場への新規参入を許容する強力なインセンティブを与えていることを示すものでもある。もう一つの理由は，長距離通信市場の競争が不完全であるため，この市場にはレント獲得の余地が残されていることである。地域通信で顧客を失うことが，長距離通信ビジネスで顧客喪失にもつながるような場合には（起こりそうなことである），統合された GTE は，分離されたベル系通信会社よりも新規参入により強く抵抗する誘因を持つことになるであろう。したがって，こうした諸結果は，垂直分離は地域通信サービスへの新規参入を容易にするという見解とも整合しているのである。

欧州委員会は，この合併計画を精査し，その認可に予想外の条件を課した。同委員会は，テリアとテレノールがそれぞれ持っている CATV 事業および他の重複する事業を分離するだけではなく，地域電話公衆網へのアクセスを完全に開放するよう，求めたのである。その結果，合併計画は撤回された。同委員会の以下のコメントは，ここには単なる当事者間の水平的な競争という次元を超えた問題があったことを明らかにしている。

「電気通信サービスやテレビ配信サービスにおいては，競争分析はサービスの重複といった問題を超えて進められなければならず，ネットワーク効果の可能性および顧客囲い込みなどの意義が分析されなければならない。……このまま合併を認めれば，それは，たんなるテリアないしテレノールを超えた，より高度な存在となり，競争相手にとって必要不可欠な契約主体となろう。この合併により，彼らは競争相手への接続を排除できるようになり，またそれにより最終消費者の事業者選択権を狭めることにもなろう。委員会は，今後も，既存事業者が関係する合併の届出には，地域通信網およびCATV網へのアクセスを精査し，CATV事業の分離や地域通信網のアンバンドリングを要求するつもりである」(68)。

他の国も構造分離を検討している。ノルウェーは，1999年の国会にテレノールのインフラ部分を独立の事業体に分離する法案を準備したが，議会が否決したと注記している。カナダでも，1992年にカナダ電気通信会社（Canadian Telecommunications Company）を分離・分割する案が提示されたが，規制当局がそれを拒否している。

日本は，単一の持株会社の下で運営される二つの地域電話会社を設立することで，既存電気通信事業者の分離・分割を行った。この分離形態については国内でも広範な議論が交わされた。これについては，OECDの対日規制改革審査報告書のなかでも取り上げられている(69)。

地域通信サービスと移動体通信サービスの分離

移動体通信サービスは，固定系の垂直的に統合されたネットワークとは別のもう一つの重要な統合ネットワークである。そのため，地域通信サービスと移動体通信サービスの分離もまた統合ネットワーク間の競争を促進することができる。各ネットワークは他のネットワークとの接続がなくても加入者集団を抱えることができる。いわばその限度内では接続需要を緩和する「対抗力」を持っていることになる。これについては，「互恵的なパーツへの分離」を論じた節でも検討されている。

比較的少数の国が固定系サービスと移動系サービスの分離措置を選択したが，分離が義務づけられてはいるものの，それに向けた措置はあまり採られていない。表A-8で報告されているように，OECD加盟国のうち11カ国で既存電気通信事業者が直接移動体通信サービスを提供している（会社分離さえもなされていない）。また，7カ国以上の国では既存電気通信事業者が，100％株式を所有する自分の完全子会社を通して移動体通信サービスを提供している。残るケースでも，完全所有ではない子会社を通して移動体通信サービスが提供されている（チェコ共和国の51％の子会社所有からベルギーの75％の子会社所有［ベルガコム・モバイル，Belgacom Mobile］のケースまで）。

スペインは，固定系ないし移動系の電気通信事業に携わる複数の主要事業者に3％超の出資をしている事業者は，そうした企業の統治機関（株主総会など）での議決権を制限されることになると報告している。こうした制限は，固定系・移動系の両方の電気通信事業を所有する企業に事実上所有と支配の分離を課すものといってよい。他の加盟国にも同様の例が存在する。OECD（1998a）は，次のように述べている。

「日本では，1990年に，移動体通信市場における新規参入者の公正競争を確保する目的で，規制当局がNTTに対しその移動体事業を法的に独立な会社として設立するよう，求めた。その結果，1992年に独立会社としてNTTドコモが創設された。同様に，英国でも1983年に最初に移動体通信のライセンスが付与されたとき，規制当局はブリティッシュ・テレコム（BT）に対し移動体通信事業を法的に分離するよう，求めていた。加えて，BTはその分離された移動体通信会社セルネット（Cellnet）の株式保有比率を上限60％に制限されることになった。イタリアも同様である。1994年に，イタリア政府は指令を出し，テレコム・イタリア（Telecom Italy）に対し固定系と移動系の事業を法的かつ構造的に分離するよう，要求した。この指令を受けて創設されたのが，移動体通信会社テレコムイタリア・モバイル（Telecom Italy Mobile, TIM）である。他方，政府の介入によらずに自発的に移動体通信事業を分離した既存事業者もいる。そうした行動をとった目的は，事業効率の向上，市場競争力の強化に（これはドイツ・テレコムに当てはまる），もしくは外国企業との戦略提携への参加に（これはベルガコム，ギリシャ電々公社［OTE］に当てはまる），置かれていた」(70)。

地域通信サービスとブロードバンド・サービスの分離

ブロードバンド（広帯域：高速大容量）通信とケーブル・テレビのインフラは電気通信サービスに取って代わる可能性がある主要なインフラの一つである。そのため，設備ベースのネットワーク間競争を発展させるには，伝統的な地域通信サービスとブロードバンド／ケーブル・サービスの構造分離が必要となる。この分離には，「水平的な」側面と「垂直的な」側面がある。なぜ「水平的」かというと，ケーブル・テレビ事業者と電気通信事業者は互いの市場に相互参入する可能性がもっとも高い事業者であるからである。したがって，分離は両者が事業を展開する地域で市内通信サービスの競争を高める可能性がある。また，なぜ「垂直的」かというと，ケーブル・インフラに基礎を置いた独立ネットワークの確立は，銅線ベースの既存ネットワークの支配力を削減するからである。いったん，こうしたネットワークが，他のネットワークへの接続を必要としないままかなりの数の加入者を獲得すれば，「互恵的なパーツへの分離」で触れたように，そうしたネットワークは，ある程度，相互接続への需要を緩和するような「対抗力」を持つことになる。

こうした分離に伴う利益は，すでに1996年にすでにOECDによって強調されていた。

「競争的な電気通信サービスを提供するためには，既存の電話公衆網と競合する『別のインフラ』が必要となるが，そこで新規参入者，公衆電気通信事業者（PTOs），および政策立案者が共通に認めている主要インフラの一つが，ケーブル・テレビのネットワークである。しかし，PTOs にケーブル事業を許す OECD 諸国の現行規制政策によるかぎり，PTOs は，公衆電気通信サービスに関し，ケーブル・テレビ会社の 2 倍のサービス提供能力を持ちかねない。地域通信サービス向けのインフラを提供する新規供給者に，規制により制限されていた地域通信サービスの提供を認めているところでは，すでに地域通信サービスをめぐり競争が開始されている。あるいは，競争的な地域網アクセスを提供するためのインフラが建設されつつある。いくつかの国で，PTOs はケーブル通信が引き起こす競争上の脅威に気づき，自分たちのサービス領域をケーブル・テレビ分野にまで広げている。1990年から95年にかけて，彼らのケーブル・テレビの持分は OECD 諸国で増加の一途をたどった。競争政策という点では，加入者数を基準に見たとき，PTOs が自ら公衆網を独占している地域で61％超のケーブル市場シェアを持つのは，大きな懸案材料であるといえよう。

独占的な電気通信市場における PTOs は，競争的な電気通信市場における PTOs に比べ，3 倍強もケーブル・インフラを所有する傾向がある。だが，PTOs によるケーブル・インフラの所有は，地域通信レベルで初期段階の競争を生み出すのに一大障壁となるおそれがある。このことは，電気通信独占を抱える多くの国の政策立案者は，多彩な措置を緊急に検討すべきことを示唆している。さもなければ，より迅速かつ効率的に競争を生み出す機会を喪失することになりかねない。……地域通信レベル（電気通信とケーブル・テレビ）で早期に競争を生み出すためには，以下のような積極的な措置が講じられるべきである。

・ケーブル・テレビ事業者や他の代替的なインフラ提供者に公衆電気通信サービスの提供機会を認めることで，自由化を促進すること。

・既存の公衆電気通信事業者の民営化を検討している国は，そのケーブル事業部門の売却を図り，されを独立会社にすること。
・それが支配力の強化につながる場合には，PTOs が『自国の市場』で（ケーブル事業者を）さらに買収・合併するのを阻止すること。
・それができない場合には，PTOs が競争に先立って独占的な公衆網サービスで得た利益でケーブル事業の拡張を内部補助しないよう，セーフガードを導入すること」(71)。

地域電話サービスとブロードバンド・サービスの間に構造分離を課している国は，ほんの少数にすぎない。そうした例外的な国の一つが米国である。米国では，1996年以前にも，地域電話会社は電話市場の枠内に閉じ込められており，新規にケーブル・サービスに参入することを許されていなかった。1996年の電気通信事業法も，地域電話会社（LEC）およびそれと同一の市場でサービスを提供するケーブル・テレビ事業者に対し，合弁事業への参加および所有権・経営権の相互取得に関するいくつかの制限を設けている。とりわけ重要な制限は，次の二つである。一つは，LEC とケーブル・テレビ事業者は，直接・間接に10％以上の金融資産（株式）を購入・取得することはできず，もしくは相互にいかなる経営上の利害関係をも持ってはならない，というものである。もう一つは，同じ営業エリアで電気通信サービスないしビデオ配信サービスを提供するために，合弁関係に入ったり，パートナーシップを結んだりすることはできない，というものである。

オランダの規制当局は，KNP（既存の PTT テレコムの持株会社）に対し，電気通信インフラとケーブルテレビ・インフラの共同提供を止め，両者を法的に独立した会社に分離するよう，要求した。さらに，法的に分離されたケーブル事業者への支配を相当程度制限するため，KNP に対し子会社であるオランダ・ケーブルネットワークの持分を20％に削減するよう，求めたのである。その結果，KNP は自分が持っているケーブル事業の持分を手放すことを決定し，それをフランス・テレコム（France Telecom）に売却した。

ドイツでは，1999年1月に，ドイツの公衆電気通信事業者であり，かつ支配的なケーブル・テレビ事業者でもあるドイツ・テレコム（Deutsche Telecom）が，ケーブル部門を切り離し，法的に独立した会社（Kable Deutschland GmbH）にその事業を譲渡した。1999年8月に，六つの地域でケーブル会社の公開入札が実施され，2000年には六つの会社株式の大部分が売却されている。アイルランドでも，既存の公衆電気通信事業者であるアイルコム（Eircom；以前の Telecom Eirann）が，同国の最大手のケーブル・テレビ会社，ケーブルリンク（Cablelink）の株式の75％を2000年の第1四半期に処分している。英国では，ブリティッシュ・テレコムが，欧州委員会（EC）から寄せられた懸念に対処するために，1998年5月に，ウェストミンスター（Westminster）とミルトン・ケインズ(Milton Keynes）における広帯域ケーブル・テレビの持分を自ら手放すことに合意した。また同時に，同社は合弁事業として計画していた BiB（"British Interactive Broadcasting Limited"）の創設ついて見直しを行っている。フランス・テレコムも，2000年8月に，スエズ・リヨネ・デゾー(Suez Lyonnaise des Eaux）のケーブル・テレビ会社ノーオス（Noos）への参加持分50％をすべて処分している。

欧州委員会は，1999年6月に，電気通信サービスとケーブル・テレビ事業の法的な分離を要求するケーブル指令を採択した。それ以前にも同委員会のケーブル指令（95/51/EC）は，会計上の透明性を保証し，両事業の間の内部補助を防止するための最低限の要件として，両事業の間に明確な会計分離を求めていた（ただし，この時点でもすでに法的な分離のほうが好ましいと考えられていたが)。しかし，その後，同委員会は，会計分離はインフラ・ベースの競争を促進するには不十分であるとの結論に達した。ケーブル指令の前文で，同委員会は両事業の統合から反競争的な問題が生じることを認め，また会計分離だけではそれに十分に対処できないことを認めている。その前文は次のように述べている。

「(ケーブル事業者と) 同一の地理的なエリアにいる電気通信機関に対し，しかも電気通信インフラを用いたサービス市場で支配的な地位にいる電気通信機関に対し，ケーブル・テレビ網の建設と運営に関する特別な権利ないし排他的な権利を認めてきた国の電気通信機関は，ナロウバンド（狭帯域）の公衆網とブロードバンド（広帯域）のケーブル網の両方をグレードアップし，一つの統合されたブロードバンド通信網を仕上げ（「完全な通信サービス網」)，音声，データ，および映像を高周波数帯で配信できるようにするといったインセンティブを持っていない。言い換えれば，そのような地位に置かれた電気通信機関には，利害対立が発生することになる。なぜなら，いずれのネットワークの実質的な改善も，他のネットワーク事業に損失をもたらすおそれがあるからである。**こうした環境にあっては，二つのネットワークの所有を分離し，別の会社にするのが望ましい。**というのは，ネットワークの共同所有は，新しい通信サービスの発展を遅らせ，技術の進展を阻害することで，利用者を犠牲にすることになるからである。……すべての加盟国は，最低限，公衆網の供給と公衆音声電話サービスの提供で支配的な地位を占める電気通信機関や特別な排他的権利の下でケーブル・ネットワークを構築している電気通信機関が，ケーブル・テレビ事業を別の独立法人の下で運営するよう，保証すべきである」。

「さらに，……会計分離に関しては，欧州共同体法（Community Law）がそれを要求しているにもかかわらず，……共同所有のために深刻な利害対立が発生しているような状況にあって，会計分離は反競争的な行動形態に対し必要なセーフガードを提供してこなかった。加えて，会計分離は財務の流れをより透明にするというにすぎないが，独立法人の設立を促す要求は資産や費用の透明性を一段と高め，ケーブル・ネットワーク事業の利潤性向や経営に関する監視を容易にするといってよい」(72)。

欧州委員会は，加盟国にさらなる追加措置を求めるのが適切であるかどうかは，ケース・バイ・ケースで検討すると述べている。そうした措置のなかには，例えば，ケーブル・テレビ事業を開放し，第三事業者が参加できるようにする措置，もしくはケーブル・テレビ事業を別の法人に完全に分割・売却する措置などが含まれている。ケーブル・テレビ市場に新規に参入した事業者のなかには，既存事業者による相互所有をもっと厳しく制限し，別会社となったケーブル子会社に対しごく少数の持分しか認めるべきではないと考えている事業者もいる。彼らはその意味では指令案の条項はまだ弱いと捉えているのである。この点では，欧州委員会がケース・バイ・ケースで見直しを迫る可能性があるとしたことは，決定的に重要である。

他の分離形態

2000年11月に，ブリティッシュ・テレコム（BT）は，ネットワークの管理・運用とメンテナンスにかかわる部門を他の事業部門――小売電話サービス，ブロードバンド・サービス，移動体通信サービス，およびインターネット・サービス――から自主的に分離するというリストラ計画を発表した。そこではネットワーク会社（NetCo）の株式の25％が別途上場され，証券市場で売却される計画が立てられている。BT の最高経営責任者（CEO）であるボンフィールド（Peter Bonfield）は，計画案の発表のなかで，この動きが規制への対応でもあることを明確にしている。「私の見解では，“NetCo”（完全な分離会社）の創設は，われわれの現行の垂直統合的な組織構造から生じる規制の必要性を多くの側面で減じるはずである」[(73)]。

多くの国が[(74)]，地域通信網のアンバンドリングを推進する政策を意図的に採択してきた。こうした政策にも，水平的な側面と垂直的な側面がある。地域通信網のアンバンドリングは，高速・広帯域の地域通信サービスにおいて競争を高める可能性がある（これは，とくに既存の電気通信事業者がケーブル・インフラを兼営しており，高速・広帯域サービスを提供するために銅線の地域通信網をグレードアップするインセンティブをほとんど持たないような国に当てはまる)。また，地域通信網のアンバンドリングは，直接顧客にリンクするいわば新しいネットワークを持つライバル企業を生み出すことで，既存の電気通信事業者の市場支配力を削減することにもなる。

地域通信網のアンバンドリングは，通常それが実施される方法からして一種のアクセス規制でもある。ここでは既存の電気通信事業者はそのまま回線を所有し，そのメンテナンスに責任を持ち続けることになる。回線はその上でライバル事業者にリースされるのである。

インターネット市場にも，これに類似した分離タイプが当てはまる。インターネット分野は，現在のところ，「ネットワークの中のネットワーク」としてもっともよく特徴づけられる。インターネットへのインフラの提供ではいかなる会社もいまだ支配的な地位に就いていない。したがって，インターネットのインフラ供給者の間には，一定程度，対抗勢力が存在しているといってよい。したがって，インフラ供給にかかわる会社は，大きな困難もなく，規制による監視も受けないで，相互接続協定に合意できるのである。

それにもかかわらず，やはり一つの会社がインターネットのインフラ供給で支配的な地位の獲得し，それにより「勢力均衡」を崩壊させる可能性は残っている。これは，結局米国とEUの競争政策当局によって阻止されたが，MCIとWorldComとの合併計画で懸念された一大問題でもあった。二つの会社の間の構造分離を主張することで，競争政策当局は，現行の構造を互恵的なパーツに分離することを支持したのである。

電気通信事業における分離義務については，その要約が表A-10に添付されている。

7．放送およびブロードバンドの双方向サービス

放送分野においては，（少なくとも原理的には）上流と下流の両方で支配的な地位が生じる可能性があり，その点で放送はやや複雑な分野といえる。

最初に，インフラ市場で市配力を持つケースについて考えて見よう。これは，ビデオ番組の配信に関し，さまざまな放送モード（地上波，ケーブル，および衛星などの）が，どの程度，相互に競争的であるかという問題である。とりわけ，ケーブル・テレビが家庭に対しインフラ・サービスを提供するケースでは，密度の経済性がケーブル・テレビ事業に地域独占を発生させることになる（ただし，特別に高い密度と需要を有するエリアでは，重複する二つのケーブル網が維持可能であるかもしれない）。もし，ここで，ある放送会社がインフラ市場で支配的な地位を獲得できるならば（ケーブル設備の所有を通して，もしくはケーブル・地上波・衛星設備の共同所有を通して），当該放送会社は番組内容にかかわるコンテンツ市場においても競争制限的な地位に就けるかもしれない。

コンテンツ市場における競争は，以下のような分離形態を通して，その維持が可能となる。

（a）（いかなる放送会社も支配的な地位を獲得することがないよう）放送事業者をより小さな地域放送会社に分離・分割すること。これは，相互所有の出資比率に制限を課すだけではなく，各放送モードの株式にも所有制限を課すことで，実行可能となる。例えば，米国の連邦通信委員会（FCC）は，複数の放送システムを有する事業者（MSO）に対し，ケーブル・テレビ放送と衛星テレビ放送の加入者を含め，全国規模で加入者総数の 30％超をカバーすることがないよう，要求している。

（b）コンテンツの提供者を支配的なケーブル・インフラ供給者から分離す

ること。例えば，コンテンツ市場に及ぼす影響力が懸念されたことが，AOL とタイムワーナー（Time Warner）の合併に疑念をもたらしたといってよい(75)。

コンテンツ提供者の側が支配的な地位を獲得するということも，理論的には可能である（おそらく，視聴率の高いスポーツ番組に対し長期の放映権契約を獲得するなどして）。こうしたケースでは，コンテンツ提供者と放送事業者の統合は，放送モード間の（例えば，ケーブル放送と衛星放送の間の）競争を制限するおそれがある。米国では，「ビデオ番組の作成を附帯事業としているケーブル事業者が，……当該ビデオ番組を他のビデオ配信事業者に提供することを理由もなく制限することがないよう，保証する」ルールづくりの権限が，FCC に与えられている（47.U.S.C.533）。

表 A-11と表 A-12が明らかにしているように，放送産業においても構造分離の要求が広まってきている。構造分離は，ある程度，放送事業者が支配的な地位を獲得するのを制限するであろう。こうした制限ルールは，多くの場合，より広範な社会的懸念によって動機づけられているが（例えば，一つの会社が世論形成プロセスで不当な比重を占めないようにするといった目的），同時にまた競争を促進する効果を持っているのである。

8. 郵　便

郵便サービスにおいては，そもそも郵便制度が存在する以上，家庭への定期的な信書（葉書・手紙など）の配達で自然独占が生じる(76)。だが，この市場の残る部門（郵便の回収，仕分け，運送，速達便，および小包）ではすべて競争が可能である。とはいえ，たとえ地方への配達が自然独占ではなくても，ビジネス顧客，住民顧客は，ある限定され数の郵便住所しか持とうとはしないため（すなわち，たった一つのないし少数のネットワークと繋がるような郵便住所)，ライバルとなる郵便サービス会社は消費者の既存メイル・ボックスにアクセスしなければならない。

したがって，この分野で競争を促進するための構造分離は，次の分離タイプに関係することになる。

（a） 既存の郵便事業を，郵便の回収，仕分け，運送，および最終配達に従事する地域郵便会社に分離・分割すること（そして，相互に郵便をやり取りすること)。

（b） 既存の郵便事業を，郵便の回収，仕分け，運送を専門に行う会社と郵便を受け取り地方のアドレスに最終配達する一つないし複数の地域配達サービス会社に分離・分割すること。

アプローチ（b）の下では，既存事業者だけではなく，ライバル会社も回収と仕分けのための配送センターを建設することになるであろう。また，ここでは，ライバル会社は，既存事業者に依存しないで，独自の地方配達網を築くことも可能である。既存の郵便事業者は，通常，全国のどこにおいても単一の均一料金で信書サービスを提供するよう求められている。したがって，((a）のようなアプローチの下で）既存郵便事業者が地域事業者に分離・分割される場合には，もはや均一料金は維持できなくなるであろう。各地域により，経済的かつ社会的な条件はかなり異なるからである。

多くの国が，さまざまな理由で，郵便信書の配達を既存郵便事業者の手に預けている。そのもっとも重要な理由は，固定した均一料金でユニバーサル・サービスを確保する必要があるというものである。他方，速達便や（一定重量以上の）小包便のようなサービスは一般的に競争にふされている。こうしたサービスは，既存郵便事業者のサービスにアクセスする必要がないからである。

たとえOECDの多くの加盟国は郵便信書の地方配達に競争を認めていなく

ても（スウェーデンとニュージーランドを除く），郵便事業者の側は，共通して，郵便の仕分けと運送に競争を認めている。その場合，一度郵便が仕分けされ，運送されると，その郵便は最終配達を請け負う既存郵便事業者に手渡されることになる。OECD諸国の大部分の既存郵便事業者は，事前に仕分けされ，最終目的地区まで運ばれた郵便に割引制度を設けている。これは，一種のアクセス規制と見ることもできる。なぜなら，そうした制度の下で，ライバル会社は非競争的な地方配達分野では既存事業者のサービスにアクセスしながらも，回収，仕分け，および運送といった競争的な事業分野で既存郵便事業者と競争できるようになるからである。

加えて，郵便事業者は，国際レベルで定期的に郵便物の相互配達に合意している。ライムⅡ協定（Reim Ⅱ agreement）を免除するためのEC決定以降，16の欧州郵便事業者は配達が行われる国において，郵便事業者は「一般的に利用可能な国内料金」（例えば，ダイレクトメール，印刷物，もしくは定期刊行物の料金）で相互にアクセスを提供しなければならなくなっている。これは互恵的なネットワークの間の競争形態と捉えることができる。

既存の郵便事業者を垂直統合された地域郵便会社に水平分離することによって，もしくは最終配達部門を他のサービス部門から垂直分離することによって，競争の促進に向け既存郵便事業者の構造分離を選択した国はいまだない。だが，ある種の構造分離が国際レベルで浸透しつつある。全体として見れば，ECの郵便事業は，多くの地域支配的な統合企業から成り立っているともいえる。ECが，二人の既存郵便事業者の統合を防止することで，この分離形態を維持しようとするかどうかは，試験結果を待たなければならない。

構造分離は郵便分野でも重要な問題である。しかし，重点は，垂直分離というより，水平分離に置かれなければならない。また，多くの郵便事業者は速達便ないし小包の配達といった競争が可能な領域ではすでにライバル企業との競争に入っている。だが，被規制企業が競争的な部門で積極的に活動するときにはいつでも，当該企業は，被規制部門で利潤を増大させるように，もしくは競争的な部門で競争を無効にしたり，歪めるように，自分の会計を操作できるのではないかとの懸念が生ずることになる。

ここに，いくつかの国が，多様な分離形態を既存事業者に課し，独占的なサービスから競争的なサービスを分離している理由がある。その一例が会計分離であり，これは EC 指令によって要求されている。郵便部門の分離形態は，表 A-13に示されている。ただし，（多くの場合，非競争的である）郵便信書と小包が一緒に運送・配達されているケースにあっては，二つの事業が結合されることで範囲の経済性が発生している可能性もある。

Ⅳ．要　　約

OECD 諸国の過去20年にわたる規制改革は，規制されたネットワーク産業における競争の見通しに根本的な変化をもたらした。そこでは以前には垂直的に統合された独占体がサービスを提供していたが，構造改革と規制によるコントロールが結合することで，いまやネットワーク産業も競争に対して開かれてきている。電気通信，電力，天然ガス，鉄道，および郵便サービスといった産業において，新規参入企業が以前には競争が封じられていた分野で競争を展開している。その利益は，多くの場合，イノベーション，顧客に対する敏感な反応，生産性の向上，および低廉な価格というかたちで明確に現われている。

あるケースでは，競争的な分野は当該産業の他の分野と直接的にリンクしていない。そうしたケースにあっては，被規制企業が競争的な事業を内部補助しないようにするため，競争の導入に際しては，規制による競争制限を廃止し，場合によっては既存企業の被規制事業と競争的な事業を分離することでそれを補完することが，主要な問題となる。

ほかにも，競争的な分野が，非競争的なサービスに対し補完的な関係にある財を生産しているケースがある。こうしたケースにあっては産業構造が重要となる。産業構造次第で，既存事業者は競争制限的なインセンティブや能力を持つことになる。したがって，こうしたケースにあっては，競争を導入するのに，既存事業者のそうしたインセンティブや能力に取り組む政策を追及する必要がある。こうした政策こそ，本論の焦点をなすものである。本論の重要な結論を列記すると，以下の通りである。

（1） **競争的な事業と非競争的な事業が補完し合っている産業で競争を推進する場合，既存企業が持つ競争制限的なインセンティブや能力に取り組むための手段はいろいろある。だが，そうした手段は，それぞれ長所と短所を持っている。**

こうした手段にはアクセス規制，垂直的な所有分離，運営分離，クラブ所有，および互恵的なパーツへの分離が含まれる。だが，各アプローチはそれぞれ長所と短所を持っている。何が最適なアプローチかは，当該企業の置かれた環境に依存する。したがって，その答えは産業により，国により異なることになる。

各アプローチは，いくつかの国のいくつかの産業で，実際散見されるものである。運営分離は電力産業に，またクラブ所有は空港分野にもっとも一般的に見られるアプローチである（航空会社は共同で発着枠の調整機能を持つのが一般的である）。垂直的な所有分離は，他の産業というより，電力・ガス産業にかなり一般的に見られるアプローチである。アクセス規制はすべてのネットワーク産業に見出されるが，とりわけ電気通信事業と郵便事業において一般的である。互恵的なパーツへの分離はかなり稀なケースといってよいが，鉄道事業や電気通信事業に見られる。

（2） **こうした政策手段ないしアプローチは，二つのカテゴリーに大別できる。主に既存事業者が持つ競争制限的なインセンティブの解消に的を絞った（「構造的」）アプローチと主に既存事業者の能力のコントロールに的を絞った（「行為的」）アプローチが，それである。行為的アプローチの下では，規制当局は既存事業者が持つアクセスを拒否，遅延，もしくは制限しようとするインセンティブと不断に闘わなければならない。ここでは，規制当局は，通常，情報に関し，したがってまた採り得る規制手段に関し，既存事業者に比べ不利な立場に立つことになる。その結果，行為的アプローチの下で競争水準は，既存事業者が競争制限的なインセンティブを持たない構造的アプローチの下でのそれに比べ一段と低くな**

る。ただし，会計分離，経営分離，もしくは会社分離といった一定の政策手段が，それ自身では有効ではないが，アクセス規制のような他のアプローチを支援できるかもしれない。

アクセス規制は行為的アプローチであるが，これに対し，垂直的な所有分離，クラブ所有，および互恵的なパーツへの分離は構造的アプローチである。運営分離は，ほぼ両者のハイブリッド（混合種）といってよく，二つのカテゴリーの中間に位置している。

行為的アプローチの主要な問題点は，規制当局が，競争制限の方法を探ろうとする既存企業のインセンティブと闘わなければならないところにある。既存企業は，アクセスの提供を引き伸ばし，その品質を引き下げ，アクセス料金を引き上げるために，法的，技術的，もしくは経済的な，いわばあらゆる手段を自分の思い通りに利用することができる。予算面，人材面で資源が豊かな規制当局ならば，粘り強さと警戒心により既存企業の競争制限的な活動を制約できるかもしれないが，その結果生じる競争水準は，多分，既存企業がそうしたインセンティブを持たない場合の競争水準に及ばないであろう。また，潜在的な参入者も，規制当局の最善の努力にもかかわらず，差別の効果を恐れて新たな設備投資を躊躇するかもしれない。

こうした結果に終わることは，実証研究からも，数多くの秘された事実からもほぼ明らかである。例えば，調査分析は，米国の電気通信事業では，垂直的に分離された企業のほうが，垂直統合された企業に比べ，接続協定を迅速に締結しており，地域的にみても参入レベルが高いことを明らかにしている。また，OECD 諸国における電力産業の研究も，垂直分離の度合いを高めることが，住宅向け電気料金に対し産業向け電気料金を相対的に引き下げ（競争高度化の徴候），事業の効率性とサービスの品質を高めることを明らかにしている。

こうした産業にあっては，より「強い」分離形態へと向かう傾向が明確に読みとれる。より「弱い」分離形態が試されたが，競争の促進に欠けることが判明し，もっと強い分離形態が採用されるようになったのである。これは，例えば，英国のガス産業，米国の電力産業，およびニュージーランドの電力産業などで起こっている。

OECD 加盟国の全体を見ても，競争政策当局は，より強い分離形態を支持する議論を展開している（すなわち，行為的アプローチに対する構造的アプローチの優位)。EC は，空港（地上取扱いサービス）に関し，より強い分離形態を提唱している。また，アイルランド，チェコ共和国，ハンガリー，フィンランド，および米国も，電力産業でより強い分離形態を提唱している。

OECD それ自身（本部機関）も，多くの事例で，より強い分離形態を支持している。国際エネルギー協会（IEA）は，ガス産業の輸送部門を他の事業部門からもっと強く分離すべきであると主張している。欧州運輸相会議（ECMT）は，鉄道産業における鉄道インフラと列車運行の分離のさらなる徹底を支持している。科学・技術・イノベーション部局（DSTI）は，地域通信事業者とケーブル・テレビ事業者との分離を論じている。また，OECD は，多くの国に対して実施した規制改革審査のなかでも，より強い分離形態に向け特例措置を講じるよう，勧告している。OECD 閣僚理事会は，1997年 5 月に合意された規制改革のパッケージのなかに構造分離勧告を含めることで同意した。その勧告は，加盟諸国に対し,「既存事業者の市場力を削ぐために，競争が可能な事業を被規制の公益事業ネットワークから分離するよう，さもなければリストラを断行するよう」，促していた。そして,「……反競争的な合併のリスクが改革を混乱させる場合には，競争法を積極的に実行するよう」，促していた(77)。

ある種の政策アプローチ，例えば，会計分離，経営分離，会社分割などは，既存事業者の競争制限的なインセンティブないし能力に取り組めるような措置ではない。したがって，こうしたアプローチは，それ自体では競争の促進に有効であるとはいえない。この点は，多くの産業で何度も指摘されてきたことである。こうした政策は，他の政策アプローチ，とりわけアクセス規制を支援するところにその価値があるのである。

（3）　**双方向のネットワークを持つ産業においては（例えば，電気通信，鉄道，および郵便サービス），より小さな垂直統合された企業への分離・分割（すなわち，互恵的なパーツへの分離）が，範囲の経済性を犠牲にすることなく，競争の可能性を高めることになる。より一般的には，最適アプローチの選択は，競争から得られる利益および規制の削減から得られる利益と分離コストおよび範囲の経済性の損失との比較衡量を必要としている。ほとんどの国でいえることだが，競争政策当局こそこうした構造分離の決定で一定の役割を果たすべきである。**

電気通信，鉄道，および（程度は低いが）郵便サービスでは，既存事業者を垂直統合された地域独占に水平分離することで，範囲の経済性を損ねることなく，相互接続のインセンティブを高めることができる。

他の産業分野でも，最適なアプローチを確保するには，いろいろな要因の比較衡量が必要となる。構造的アプローチ（例えば，所有分離やクラブ所有）は，規制負担を軽減し，競争の発展に関しその可能性を高めるが，同時に分離に伴う一時的な費用を発生させ，ある種の範囲の経済性を永続的に失わせることにもなる。合併規制でもそうであるが，規制当局は，構造分離を支持するという前提に立つことで，範囲の経済性の度合いと分離の経済的費用に関し，被規制企業に証拠の提示を誘導できる利点を持つことになる。

いずれにせよ，こうした産業分野を二つの部門に分離（および再統合）するか否かの決定は，競争効果と潜在的な効率性ゲインとの間の慎重な比較衡量を必要とする場合が多い。たいていの国の競争政策当局は，こうした決定を行えるだけのスキルと経験を保持している。こうした理由からも，競争政策当局は構造的な決定に関与すべきである。

（4）　**OECD 諸国がどこまで構造的アプローチを追及できるのか，その度合は，国により，また産業により異なっている。だが，多くの国の多く**

の産業に，さらなる構造分離の余地が残されている。

電力・天然ガス産業では，多くの国が完全な所有分離を追及しており，とくにそれは発電の送電からの分離と天然ガス製造の輸送からの分離で顕著である。国情の違いも重要ではあるが，送電・送ガスの配電・配ガスからの分離（いくつかの国で），配電・配ガスの地域事業者への分割（いくつかの国で），小売り供給の送・配電及び送・配ガスからの分離（多くの国で）に関しては，さらなる構造分離の余地が残されている。

鉄道分野でも，OECD 諸国の大部分は弱い分離形態しか追及していない。鉄道インフラを列車運行からもっと明確に分離し，既存鉄道事業者を地域に基礎を置いた鉄道会社に分割する十分な機会が残されている。

電気通信産業にも，かなり構造分離の余地が残されている。既存事業者を地域通信会社に分割する道を選択した国は，ほんの一握りでしかない。既存事業者に移動体通信サービスの提供をどこまで認めるかは国によって異なるが，ほとんどの国がある種の統合を許容している。したがって，伝統的な銅線による電話サービスのケーブルおよび光ファイバーによるブロードバンド・サービスからの分離はもちろんのこと，銅線ベースのネットワークに単独の発展を認めるような地域通信網のアンバンドリングに関しても，構造分離の大きな余地があるといってよい。

郵便分野では構造分離はいまだ試されていない。だが，既存郵便事業者の地域郵便事業者への分割，もしくは競争的なサービス（小包や速達便）の非競争的なサービスからの分離に関しては，構造分離の余地があるといってよい。

他の産業分野，例えば，空港，港湾，および道路などでは，構造分離はきわめて一般的である。だが，発着枠の配分を既存の航空会社の支配からもっと分離できる国もある。また，空港オペレーターに地上取扱い業務の分離・売却を要求している国もいまだ少数にとどまっている。

分離問題は，とりわけ民営化や自由化の実施時点で慎重に検討されるべきである。構造分離は構造改革の長期的な成功可能性を高め，ひいてはOECD先進国社会の利用者および消費者に利益をもたらすであろう。

注

（1） ことわっておくが，ネットワーク産業を論じる際，いつでも垂直分離ないし水平分離といったかたちで構造分離を特定できるとはかぎらない。ネットワークのさまざまな部分は，利用者によって，ある時は補完し合うような仕方で，またある時は競合するような仕方で，結合される可能性がある。一例として，鉄道のネットワークが二つの沿岸都市 A，C と一つの内陸都市 B をリンクさせる事態を想定して見よう。ここでは，A-B 路線と C-B 路線という二つのルートが，A-C の鉄道輸送を行うために，結合される可能性がある。だが，そうはならず，A-B 路線と C-B 路線は，沿岸都市から内陸都市への鉄道輸送で競争する可能性もあるのである。

（2） 産業によっては，企業は，他のネットワークから「接続される」ことで発生する，もしくは複数のネットワークが「共存」することで発生する費用に影響力を行使することができる。そうした産業では，スイッチング・コスト（転換費用）の大きさが企業戦略を決定するうえで重要な要因となる。企業は，ネットワーク効果から十分に大きな利益を引き出せると考える場合には，ライバル企業への競争上の優位を獲得する手段として，スイッチング・コストの引き上げを求めることになるであろう。こうした例は，航空産業で生じている。航空会社は，顧客に路線間の乗換えを思いとどまらせるために，フリークェント・フライヤー計画（マイレージ）のようなロイヤリティ・プログラム（顧客を自社から遠ざけないようなマーケティング戦略――訳注）を使っているのである。

（3） ここでは，規制当局による制約は，規制の目的を達成できるかぎり，競争を最小限度でしか制限しないと仮定している。

（4） ある事業部門に競争が存在するからといって，そのことが，自動的に，当該部門の競争は維持可能であることを意味しない。このことに留意する必要がある。例えば，非営利的なサービス供給義務が課されているケースを考えてみよう。既存企業は，そうしたケースでは，ある種のサービスに単独採算費用を上回る価格づけを行う可能性があるが，それが誘発する新規参入に対しては，それに対抗して価格を引き下げることができない。こうした競争形態は非効率な参入でしかないかもしれない。したがって，必ずしも，規制がなければ競争は維持可能となるものでもないのである。

（5） 例えば，鉄道がおもに二つの港湾都市と一つの内陸部の首都の間で貨物運送サービスを供給しているような国を想定することができる。そこで荷主が，内陸部の首都への輸送ルートの通過ポイントとしてどちらの港湾都市を使用するのか，その選択に無差別な場合には，いずれの港湾と首都を結ぶかで，鉄道ルート間にインフラ競争がなされる余地がある。

（6） FTC (1995) を参照のこと。

(7) オーストラリアのヒルマー（Hilmer）が，こうした被規制の，しかも利潤の最大化を追求しない企業に分析の焦点を当てている。「(アクセス規制が適用される）設備および産業の性質を正確かつ詳細に定義するのはむずかしいが，そうした産業への政府の関与は，伝統的にある種の共通な特徴を有している。すなわち，政府はそうした産業の所有者になっているか，もしくは強力な規制者になっているのである」。

(8) たとえ，競争法が合併による競争的な事業分野への参入を阻止するにしても，非競争的な事業分野は，改めて競争的な分野に参入することで，ライバルとなる第三事業者を差別する誘因を持つかもしれない。

(9) FTC (1999a) を参照のこと。

(10) こうした長所と短所がもたらす相対的なメリットは，国によって異なるかもしれない。ボトルネックをなすインフラの発展を強く必要としている国は，利潤志向の，非競争的なサービスを選好するであろう。他面，インフラが高度に発展した国は，非営利事業のコストをそれほど重視しないであろう。

(11) 興味深いことに，この「均衡」は一方向の自由化によって覆されることがある。米国の長距離通信市場の自由化により，外国企業は米国への着信でいくつかの通信ルートを持つことになったが，米国のほとんどのキャリアは外国の独占的な電気通信事業者と取引を行うしかなかった。これはバーゲニング・パワー（交渉力）に著しい不均衡をもたらした。米国のキャリアに対し，外国の会社は対抗力に遭遇することなく，また代償を払うことなく，自分たちの独占力をいかんなく行使できたのである。こうした背景もあり，FCC は，米国キャリアの共同利益のために，着信料金をめぐり外国の独占事業者と交渉することで米国の対抗力を復活させたのである。

(12) Hardt (1995) を参照のこと。

(13) Hilmer (1993), p. 241を参照のこと。

(14) フランス政府から OECD に提出された報告書。報告書（オリジナル）は次のように述べている。「この分野における大企業を解体するような構造措置は，微妙で，複雑な裁定を必要とする。垂直統合が競争を阻害すべきではないと主張するのであれば，経済的な観点から（垂直統合による）効率性ゲインを考慮する必要がある。その場合，社会に対するユニバーサル・サービスの提供という観点を忘れてはならない。逆に構造分離・企業解体は利用者が支払うことになる取引費用を増大させかねない。この点で，ドグマティックなアプローチを避け，ケース・バイ・ケースで，垂直分離の長所と短所を吟味することが是非とも必要である」。

(15) 正確にいうと，被規制企業に産出高拡大のインセンティブを与えられるかどうかは，新規投資の扱い方，新しいサービスの許認可価格など，他の規制要因にも依存している。

(16) 本書では，「アクセス」という用語は，たんに競争的な部門に接続サービスを提供するために必要な物理的な相互接続だけを指すのではなく，物理的な相互接続にかかわるサービスの性質および品質をも指すものとして使用されている。

(17) アームストロングとヴィッカーズは，最近の論文（2000年）のなかで，企業の費用に不確実性がある場合，被規制企業に一定程度裁量を認めるのはとりわけ有意義であることを示している。それによれば，需要に不確実性がある場合，裁量の価値は，需要規模の変動につれ需要の弾力値がどのように変化するかに依存している。正の需要ショックが市場の弾力性の低下と結びつく場合には，裁量は全体の厚生にとって好ましい。だが，そうでない場合には，裁量は好ましくない。

(18) 分離された送電会社にこうしたインセンティブが働くかどうかは，とりわけ規制の性質に依存することになるであろう。分離後に規制がなされないと，送電会社は，供給を制限し，価格を引き上げるために，新規投資を控える負のインセンティブを持ちかねない。

(19) FTC (1995) を参照のこと。

(20) FTC (1998a) を参照のこと。

(21) 「大規模であること」自体に反対する議論もある。大規模な企業は不適正なレベルで政治的な影響力を行使するおそれがあるが，構造分離は企業の規模をその政治的な影響力がもっとリーズナブルなレベルになるまで縮小することができる，というのである。

(22) ブレナン（Brennan）は，AT&Tの垂直分離には二つの重要な理由があったとし，その一つである内部補助の効果に分析の焦点を当てている（もう一つは，参入制限の効果，すなわち垂直統合はAT&Tに長距離通信市場へのアクセスを制限させる負のインセンティブを与えていたことである）。Brennan (1995), p. 463.

(23) FTCは次のように述べている。「監視や規制によって独占事業者の差別化戦略やコスト・シフト戦略を抑制するのはむずかしい。そうした戦略を打ち負かすもっとも有効な手立ては，独占事業者が非規制のビジネス分野に参入するのを防止することであり，独占事業者が非規制市場の競争を歪める能力を削ぐことである」。FTC (1995)。

(24) もっと厳密にいえば，2部料金の「固定料金」部分を支払わない下流企業への再販が防止されなくてはならない。

(25) 規制当局が利用できる政策手段は，概して，企業が利用できる政策手段に比べ，かなり制限されている。企業が2部料金を利用できない場合には，規制当局もそれを利用することはできないであろう。だが，こうしたルールには例外があり，それは規制当局が既存事業者を補助することができる場合に起こる。規制当局は，この場合，限界価格を限界費用に等しく設定することができる。それにより既存企業に欠損が出ても，それを補填するため補助金を利用できるからである。

(26)　AT&T ないしニュージーランド電力産業の垂直分離は，関係企業の市場価値にどのような影響を与えたのか。この問題については，さらなる調査研究の余地がある。
(27)　FTC (1997) を参照のこと。また，FTC (1995) をも参照のこと。
(28)　FTC (1998a) を参照のこと。
(29)　フランス政府から OECD に提出された構造分離に関する報告書。報告書（オリジナル）は次のように述べている。「垂直統合された企業内部の独占的な事業の周囲にファイヤー・ウォール（「万里の長城」）を張りめぐらせた会計分離は，(競争）を十分に保証している」。
(30)　1993年 1 月18日付けの，空港スロット配分の共通ルールに関する共同体（EEC）規則，No. 95/93。その第 4 条 2 項を参照のこと。
(31)　OECD (1998b), p. 62を参照のこと。
(32)　ラング・ジョン・テンプル（1995），「地上取扱業務：欧州委員会から見た競争の展望—法的側面」。1995年 4 月 3 日の国際空港理事会欧州コンファレンスでの発言。強調点が付されている。
(33)　欧州航空会社協会「空港が変化するための基準」，情報パッケージ，1998年 2 月。
(34)　Steiner (2000) を参照のこと。
(35)　アイルランド政府から OECD に提出された構造分離に関する報告書。
(36)　チェコ政府から OECD に提出された構造分離に関する報告書。
(37)　チェコ政府から OECD に提出された構造分離に関する報告書。
(37)　ハンガリー政府から OECD に提出された構造分離に関する報告書。
(38)　ハンガリー政府から OECD に提出された構造分離に関する報告書。
(39)　この段落は，OECD の「電力産業の規制改革：米国」(1998年10月）から引用されている。
(40)　連邦エネルギー規制委員会（FERC)。オーダー No. 888，最終ルール（1996年 4 月24日発布），75 FERC 61,080。公益事業のオープン・アクセスおよび非差別な送電サービスによる電力卸競争の促進，Docket（ドキュメント・ラベル）No. RM95-8-000；公益系電気事業者と系統（送電）事業者によるストランディド・コスト（未償却費用）の回収，Docket No. RM94-7-7001，pp. 57-59。
(41)　FTC (1995) を参照のこと。
(42)　上掲書，p. 6での告示。
(43)　上場書，pp. 66-77を参照のこと。
(44)　上掲書，pp. 66-77を参照のこと。
(45)　FTC (1999b), pp. 4-5を参照のこと。
(46)　上掲書，第二節 B および第三節 A での告示。

(47) オープンアクセス・コメント，FTC (1955), pp. 2-3を参照のこと。

(48) オークリッジ国立試験場（Oak Ridge National Laboratory）によって開発された説明図によれば，765kW の送電線は，500kW のそれに比べ1MW/マイル当たりコストを少なくとも30％節減し，138kW のそれに比べコストを少なくとも80％節減する。FERC 送電タスク・フォースのスタッフ・レポート（1989），pp. 215-216を参照のこと。

(49) 告示，上掲書，pp. 124-126。送電アクセスにおける差別に対しセーフガードが設けられているが，その効果は疑わしい。送電系統の所有者は，送電容量は自分たちの負荷義務を果たすのに欠かせないと主張することで，ATM（available transmission capacity, 利用可能な送電容量）の削減で独立系発電事業者に対し大きな裁量権を持つことができる。そうした場合には，セーフガードははたして有効なのか，とりわけ懸念される。

(50) 告示，上掲書，pp. 125-126を参照のこと。

(51) FTC (1999b), pp. 15-18を参照のこと。

(52) EC (2000), p. 4を参照のこと。

(53) IEA (1999), p. 23を参照のこと。

(54) このセクションの資料はアームストロングらの著作（1994）からの引用である。

(55) EC (2000), p. 6を参照のこと。

(56) ECMT (1999), p. 24を参照のこと。

(57) OECD (1999a), p. 262を参照のこと。

(58) OECD (1999c), p. 203を参照のこと。

(59) ECMT (1998), p. 6を参照のこと。

(60) 完全なオープン・アクセスに比べ，やや劣る制限されたアクセスもある。そうしたアクセスは，規制当局がアクセスを要求する場合に（米国），もしくは別の鉄道の50キロメートル以内にいる顧客がアクセスを求める場合に（カナダ），オープン化される。

(61) 鉄道の軌道は依然として公的所有の下にある。

(62) JR 貨物だけが旅客鉄道会社に対してアクセス権を有している。JR 貨物はまた独自の鉄道網を利用している。

(63) 州際間のトラフィックのみ。

(64) 欧州運輸相会議（ECMT, 1999), p. 25を参照のこと。

(65) OECD (1998a）を参照のこと。

(66) テレコム・ニュージーランドは，最初の民営化の時点で（1990年），地域電話会社と長距離電話会社が会社分割されたものの，ほぼ以前と類似の市場構造に分割されるにとどまった。しかし，こうした市場構造は規制体制によって命じられたものではなかったので，同社は，数年のうちに，より「商業的な」路線に沿ってリストラを行うようになった。

(67) Mini (1999) を参照のこと。

(68) 欧州委員会・競争政策総局 (DG),「欧州共同体の競争政策」,「(第29次) 競争政策に関する報告書」1999年, p. 57を参照のこと。

(69) OECDの対日規制改革審査報告書は次のように述べている。「持株会社の構造は, NTTのグループ会社は相互に競争する強力なインセンティブを持たず, インフラ (設備) 競争に突入するインセンティブを持たないということを意味している。したがって, 事業分割の利益は完全には実現されないであろう。日本政府は, 事業分割の利益を実現するために, 現行の持株会社構造を見直し, NTT地域会社を相互に完全な独立会社に変えるべきである」。OECD (1999), p. 353を参照のこと (OECD編／山本哲三訳『成長か衰退か』日本経済評論社, 1999年)。

(70) OECD (1998a), p. 8を参照のこと。

(71) OECD (1996b) を参照のこと。オリジナルでの強調点は削除され, 新たな強調点が付されている。

(72) 単一事業者によって所有された電気通信ネットワークとケーブルテレビ・ネットワークを別の独立法人に分離させるための1999年6月23日付けの欧州委員会指令 (1999/64/EC) を参照のこと。これは, 従来のEEC指令 (90/338/EEC) を修正したものである。

(73) 「BT, 最高経営責任者 (CEO) ピーター・ボンフィールド卿の声明」, ニュース・リリース0087, 2000年11月9日。

(74) 2000年2月現在, 欧州共同体 (EC) はすでに五つの加盟国がローカル・ループ (市内回線網) のアンバンドリングを実施しており, 六つの加盟国が導入を決定したか, 検討中であると報じている。欧州委員会情報社会総局 (DG) のワーキング・ドキュメント,「アンバンドルされた市内回線網へのアクセス」2000年2月9日。

(75) 他方で, オランダは以前にはコンテンツの提供者とケーブル・インフラの提供者との間の垂直分離を求めていたが, その要求を1996年に緩和したと注記している。

(76) 加えて, 郵便サービスは, ますます, 電子メッセージ・サービス, とりわけインターネット (e-メイル) からの競争にさらされてきている。

(77) OECD (1997) を参照のこと。

参考文献

ARMSTRONG, Mark, Simon Cowan and John Vickers, (1994), *Regulatory Reform: Economic Analysis and British Experience,* MIT Press, 1994.

ARMSTRONG, Mark and John Vickers, (2000), "Multiproduct price regulation under asymmetric information", *Journal of Industrial Economics,* 48 (2), June 2000, 137-160.

BRENNAN, Timothy J., (1995), "Is the theory behind U. S. v. AT & T applicable today?", *The Antitrust Bulletin,* Fall 1995.

ECMT, (1998), "Railways: Summary of Principal Rail Policy Issues", CEMT/CM (98) 1, April 1998.

ECMT, (1999), "Regulatory Reform in Rail Transport", CEMT/CS/CF (98) 2/REV1, November 1999.

ECMT, (2000), "Railway Reform: Regulatory Reform in Rail Freight Transport", CEMT/CM (2000) 20, May 2000.

Energy Information Administration, U. S. Department of Energy (EIA 1998). Status of State Electric Utility Deregulation Activity, Monthly Update. «http://www.eia.doe.gov/cneaf/electricity/chg_str/tab5rev.html».

EU-Japan Centre for Industrial Co-operation, 2000, *Analysis of the Electricity Sector Liberalisation in European Union Member States pursuant to Directive 96/92/EC on the Internal Market in Electricity,* March 2000.

European Commission, (2000), "State of implementation of the EU Gas Directive (98/30/EC): An Overview", May 2000.

European Commission, (2000), "Study of certain aspects of the Council Regulation 95/93 on common rules for the allocation of slots at Community airports", Final report, prepared for the EC by Pricewaterhouse Coopers, 20 May 2000.

Federal Trade Commission (1995), Comments of the Staff of the Bureau of Economics of the Federal Trade Commission, In the Matter of Promoting Wholesale Competition Through Open Access Non-discriminatory Transmission Services by Public Utilities and Transmitting Utilities; Proposed Rulemaking and Supplemental Notice of Proposed Rulemaking, Docket Nos. RM95-8-000 and RM94-7-001, 7 August 1995. «http://www.ftc.gov/be/V950008.htm».

FTC, (1997), "FTC Perspectives on Competiting Policy and Enforcement Initiatives in Electric Power" speech by William J. Baer, Director, Bureau of Competition, 4 December 1997.

FTC, (1998a), Comment of the Staff of the Bureau of Economics of the FTC before the Public Service Commission of the State of Mississippi, Docket No. 96-UA-389, 28 August 1999. «http://www.ftc.gov/be/v980024.htm».

FTC. (1998b). Comments of the Staff of the Bureau of Economics of the Fedelal Trade Commission Before the Louisiana Public Service Commission Regarding "Market Structure, Market Power Reliability, and ISOs", Docket Number U-21453, 15 May. «http://www.ftc.gov/ev980010.htm».

FTC. (1999a), Prepared Statement of the FTC Before the Committee on the Judiciary US House of Representatives, 28 July 1999.

FTC, (1999b), "Regional Transmission Organisations: Docket No. RM99-2-000", Comment of the Staff of the Bureau of Economics of the Federal Trade Commission, 16 August 1999.

HARDT, Michael, (1995), "Rejoinder: The non-equivalence of accounting separation and structural separation as regulatory devices", *Telecommunications Police,* 19(1), 1995, 69-72.

HILMER, Prof Frederick et al, (1993), *National Competition Policy: Report by the Independent Committee of Inquily,* August 1993.

International Energy Agency, (1999), "Regulatory Reform in European Gas", IEA/SLT (99) 16, March 1999.

MINI, Frederico, (1999), "The Role of Incentives for Opening Monopoly Markets: Comparing GTE and RBOC Co-operation with Local Entrants", Georgetown University, Department of Economics, Working Paper 99-09, July 1999.

OECD, (1996a), *Competition Policy and Efficiency Claims in Horizontal Agreerments,* OCDE/GD (96) 65, No. 4 in the Series "Roundtables on Competition Policy", 1996.

OECD, (1996b), "Current Status of Communication Infrastructure Regulation: Cable Television", OCDE/GD (96) 101.

OECD, (1997), *The OECD Report on Regulatory Reform: Summary,* 1997.

OECD, (1998a), *Cross-ownership and Convergence: Policy Issues,* DSTI/ICCP/TISP (98) 3/FINAL, November 1998.

OECD, (1998b), *Competition Policy and International Airport Services,* No. 16 in the Series "Roundtables on Competition Policy", May 1998.

OECD, (1999a), *Relationship Between Regulators and Competition Authorities,* No. 2 in the Series "Roundtables on Competition Policy", June 1999.

OECD, (1999b), *Regulatory Reform in Japan,* 1999（山本哲三訳『成長か衰退か——日本の規制改革』日本経済評論社，1999年）

OECD, (1999c), *Regulatory Reform in the United States,* 1999.

STEINER, Faye, 2000, "Regulation, Industry Structure and Performance in the Electricity Supply Industry", OECD Working Papers No. 238, March 2000.

表 A-1　少なくとも一つの，完全なスロット調整空港を持つ国におけるスロット調整機関および責任者の地位（カテゴリーⅠの空港）

メンバー国	調整空港の数[1]	調整機関の地位	調整機関の所有者	調整機関の財政	調整機関の責任者任命か選出か	独立性の問題に関するコメント
デンマーク	FC＝1，C＝0	独立会社（ACD）	航空当局とデンマーク航空会社	所有者である複数組織	特段任期の定めはなく，運輸省が任命。	
フィンランド	FC＝1，C＝0	フィンエアー航空会社の一部門	フィンエアー航空会社	所有者である航空会社	フィンランド民間航空当局が任命。	すべてのスタッフがフィンエアーの従業員。
フランス	FC＝2，C＝0	独立会社（COHOR）	10のフランスの航空会社	所有者である航空会社	4年間の任期でCOHORの役員会が選出。	調整責任者は航空会社によって再選される。
ドイツ	FC＝8，C＝9	調整機関の長官は自然人である。	該当者なし	所有者である航空会社，運輸省	連邦運輸省が法律に則り任命。	調整責任者の給与は政府により支払われる。
ギリシャ	FC＝33，C＝0	オリンピック航空会社の一部門	オリンピック航空会社	所有者である航空会社	特段任期の定めはなく，オリンピック航空会社が任命。	すべてのスタッフはオリンピック航空の従業員である。
イタリア	FC＝10，C＝3	独立会社（Assoclearance）	航空会社と空港営業特権の保有会社	所有者である複数組織	3年間の任期で独立会社の役員会が選出。	調整責任者は航空会社と空港によって再選される。
オランダ	FC＝1，C＝0	独立会社（SACN）	4つのオランダの航空会社	所有者である航空会社	特段任期の定めはなく，運輸省が任命。	2001年11月1日までは独立会社によって任命される。
スウェーデン	FC＝1，C＝0	独立会社（ACS）	民間航空当局とスウェーデンの航空会社	所有者である複数組織	特段任期の定めはなく，民間航空当局が任命。	
英国	FC＝4，C＝2	独立会社（ACL）	11の英国の航空会社	空港管理会社，英国航空会社，およびデータ販売会社	特段任期の定めはなく，独立会社の役員会が任命。	コストの大部分は空港によって賄われている。

注：(1)「FC」は「完全にスロット調整がなされている」空港の数を指し，「C」は「スロット調整がなされている」空港の数を指している。
出典：EC (2000)，図5.1，35頁。

表A-2　少なくとも一つの，調整責任者が任命されていない空港を持つ国におけるスロット調整機関および責任者の地位（カテゴリーⅡの空港）

メンバー国	調整空港の数[1]	調整機関の地位	調整機関の所有者および財政	調整機関の責任者任命か選出か	独立性の問題に関するコメント
オーストラリア	SCR = 1，SMA = 5	オーストリア航空会社の一部門	オーストリア航空会社	次期調整責任者はオーストリア民間航空庁が（特段任期の定めなく）任命する予定。	調整機関の長官の権限条項によれば，彼は，「オーストリア航空に奉仕する義務を免じられている」。ウィーン空港のフライト情報システムは調整機関のシステムにのみ接続している。
ベルギー	SCR = 1，SMA = 0	サベナ航空会社の一部門	サベナ航空会社	サベナ航空が特段任期の定めなく内部的に任命。	現行の調整方法の変更が期待されている。
アイルランド	SCR = 0，SMA = 1	エアリンガス航空会社の一部門	エアリンガス航空会社	エアリンガス航空が特段任期の定めなく内部的に任命。	空港はSMAのみであり，それゆえ調整責任者は雇主のスロット選好を執行するのに何ら権限を持っていない。
ポルトガル	SCR = 4，SMA = 1	エア・ポルトガル航空会社の一部門	エア・ポルトガル航空会社	ポルトガル民間航空当局が特段任期の定めなく任命。	調整責任者はスロット配分の決定に中立であったかどうかをINACに報告することになっている。
スペイン	SCR = 16，SMA = 4	アエナ航空会社の一部門	アエナ航空会社	アエナ航空が特段任期の定めなく，内部的に任命。	調整機関の利用者であるアエナ航空は財政的な支援を受けておらず，何の報告もしてない。したがって，アエナがどのように調整コストを回収しているか明らかではない。

注：(1)　SCRとは，スロット配分のために調整責任者が（自発的に）任命されているところで「スケジュール調整の要望」が提出されている状態を指し，SMAとは「スケジュール変更に関する通知」が出されている状態を指している。これらの規定は，国際航空運送協会（IATA）のスケジュール調整に関する定義に従うものである。ただし，IATAは航空会社に意図する路線運行の事前届出を求めているにすぎない。調整空港の数は，カテゴリーⅠに属さないすべてのSCR/SMA空港を含んでいる。

出典：EC (2000)，表5.2，36頁。

表 A-3　空港における構造分離

	航空会社と空港の間	同じ空港におけるターミナルの間	地上取扱い業務とターミナルの間
オーストラリア	航空会社による空港の所有には制限がおかれている。航空会社は空港会社の株式を5％を超えて所有することはできない。	オーストラリアでは，空港施設の所有者と実際の空港オペレーター（管理・運用者）との分離が，主要空港の国内ターミナルで問題となる。そこでは2大国内航空会社が，空港オペレーターである連邦空港公社 FAC との長期貸借に基づき，国内線ターミナルを所有・運営している。こうした取り決めは，新たに民営化された空港においても引き継がれることになっている。新空港の施設については，航空会社の専用ターミナルというより共用施設の発展に重点が置かれている。これは，ブリスベーン空港とアリス・スプリング空港に見いだされるケースである。	空港は垂直統合された事業体であり，規制と非規制の事業が混在している。空港オペレーターは規制当局にエアサイド・サービスの会計と事業全体の会計を分離して提出しなければならない。
デンマーク	空港と航空機の運行は統合されていない。空港は国有会社であり，航空会社は民間会社である。離発着のスロットは規制されている。		地上取扱い業務は EU 法により規制されており，固有空港会社は民間の地上業務会社と競争している（ただし，コペンハーゲン空港は1996年に民営化されている——訳注）。
フランス	航空会社と空港はフランスでは統合されていない。空港は，商業・産業会議所か，もしくはパリ空港公団のような独立会社によって経営されているのである。		
ハンガリー	現在までのところ，空港施設へのイコール・アクセス権にもかかわらず，まったく競争はなく，航空機や乗客，外国航空会社に対して提供される地上サービスについて，まったく選択肢はない。外国航空会社が空港設備を使って自分の航空機への地上サービスを行おうとしても，技術上の条件が整っていない。		
メキシコ	航空輸送サービスの空港サービスからの分離が，航空会社による空港会社の株式		空港オペレーターは，補完的なサービスを提供する第三者を指定することができ

	所有を直接または間接に上限５％に制限することで実施された。また，空港オペレーター（メキシコ空港公団 ASA が４グループに分割民営化されている――訳注）も航空会社の株式を５％を超えて所有してはならないことになっている。		るが，自らそのサービスを提供することもできる。空港オペレーターはエアサイド・サービス，補助サービス，および商業サービスの会計分離を維持しなければならない。
オランダ	情報が寄せられていない。		
ニュージーランド	〃		
ノルウェー	1993年法により，（航空会社を含む）空港の建設ないし基本施設の変更・拡張を望む事業者は誰でも運輸通信省に対して免許を申請できることになっている。免許取得の条件の１つは，空港はすべての公衆向けフライトに開放されていなければならないということである。こうした空港のスロット調整責任者は空港調整会社 AS であり，それは SAS（20%），Braathens（20%），Wideroes（10%），CAA（30%），Oslo Airport Gardermoen（20%）によって所有されている。AS の役員会の議長は，民間航空庁（CAA）が任命している。		航空会社は自ら地上取扱い業務を行うことを許されている。

出典：加盟国から提出された報告書。

表 A-4　電力産業における構造分離

	送電と配電との間	発電と送電および／あるいは配電との間	送電および／あるいは配電と小売販売との間
オーストラリア		多くのオーストラリアの州は電力産業を構造分離している。発電・小売販売部門と送・配電部門を明確に分離しているのである。送電・配電会社は，非競争的なサービスを他のサービスから切り離す会計分離と機能分離を保証する，いわゆるファイヤー・ウォール（垣根）のガイドラインに従わなければならない。	
ベルギー		ネットワークのオペレーターは期間20年で任命されており，ネットワークの管理・運用，メンテナンス，およびその発展に責任を負っている。それは営利企業の形態をとらなければならず，その機能の遂行に必要なサービス以外の営利活動ないしサービスを行ってはならないことになっている。また，それは発電会社，配電会社，もしくは仲介業者と直接的・間接的な利害関係を持ってはならない。	
ブラジル	配電資産（施設）の60%は民営化されている。	送電系統は国有である。送電を発電から分離・民営化し，規制する計画がある。11の新しい送電線が系統に加えられ，その権利が ANEEL によって競売にふされつつある。ブラジルの総発電量の50%以上を占める３つの最大級の水力発電会社が2001年に民営化される予定である。	
カナダ		送・配電施設の所有者は，その独占力を用いて他の市場で不公正な競争上の優位を獲得することがないよう，競争的なビジネスに関し，独立の関連会社を設置しなければならない。	
チェコ共和国	現在，支配的な発電会社（CEZ, a. s.）が，送電系統と８つの地域配電会社を保有している。送電系統は独立の会計単位として運用されている。最近承認された国の政策方針に基づき，発電が送電から分離される予定である。すでに両者の間で会計分離がなされている。		
デンマーク		電力会社はこの事業分野では非競争的な会社と競争的な会社に分離され，独立の法人とされている。	
フィンランド		Fingrid 社（plc.）は発電ないし配電に携わらない，独立の法人として組織化されている。	会社はネットワークの管理・運用，電力の販売，発電，および他の取引活動につき会計分離を採用しな

			ければならない。電力取引に従事する自治体営の公営企業は，民営の会社と比較できるよう，その会計明細を準備しなければならない。配電会社のなかにはさらに進んだ会社もあり，その事業をいくつかの別会社に分離している。
フランス		EDF の内部において，送電系統を管理・運用する部門は，EDF の他の活動の経営からは独立している。その管理責任者は，規制委員会との協議後，EDF の議長の推薦を受け，エネルギー省大臣が6年間の任期で任命している。会計分離の制度が設置され，規制当局（電力規制委員会）の規制の下に置かれている。EDF の社内では，送電網の管理・運用者の周りにファイヤー・ウォールが敷かれている。	
ドイツ		ドイツでは，最近の合併により，6つの統合されたエネルギー供給会社が誕生し，それが送電系統を管理・運用している。これらの会社は，公的供給の分野で総発電量の約80%を占めている。エネルギー法により，これらの会社は送電系統を独立の管理・運用ユニットとして運営しなければならなくなった。このため，6大供給者は，しばらくして系統を管理・運用する別の子会社を設立した。	
ギリシャ		PPS は垂直統合された事業者としてとどまり，送電システムを引き続き保有することになる。ただし，送電システムのオペレーターは，システムの管理・運用に責任を負う独立の会社となるであろう。オペレーターは，ビジネス遂行の過程で取得する営業機密情報について守秘義務を負うことになる。	
ハンガリー	関連する条項なし	関連する条項なし	関連する条項なし

<table>
<tr><td>アイルランド</td><td colspan="3">送電施設の所有を送電システムの管理・運用から分離する作業が現在進行中であり，独立したエージェンシー（独立行政法人）が管理・運用に責任を負うことになっている。送電システムのオペレーターについては，国の機関のなかに独立委員会が設けられる予定である。オペレーター（TSO）は，将来の発展計画・投資計画の作成に責任を負うことになる。国営電力企業であるESB は，引き続き送電系統を維持し，その建設事業に責任を負うことになる。また，ESB は配電システムをも所有・運用することになる。ただし，小売り供給市場ではESB の関連子会社にもライセンスが与えられ，彼らはESB と競争している。「市場開放と透明性を達成するために，すべての事業者に対し各事業レベルで活動の場を保証するために，そして内部補助の問題を回避するために，ESB の事業の競争的な側面と非競争的な側面に垣根を設ける取り決めが必要であり，現在ガイドラインが策定されているところである」。</td></tr>
<tr><td>イタリア</td><td>ENEL が，発電，電力輸入，送電，および配電に責任を負っている。</td><td>1999年の法令により，新しい公益会社（TSO）が設立され，財務省によって所有されることになっている。この公益会社は，ユーザーを差別することなく，送電，給電指令（ディスパッチ），全国送電網の管理・運用といった事業を行うことになっている。ネットワークの所有権はENEL に残る。ENEL の別の事業活動（発電，配電，小売り供給，ネットワークの所有・維持）については，ENEL（S. P. A）の傘下にある別会社に再配置される予定である。</td><td></td></tr>
<tr><td>日本</td><td colspan="3">発電・送電・配電が垂直統合された10の民間電力会社が電力事業を行っている。1995年以降，発電には新規参入が認められている。差別を防止するために，電力会社に経済産業省の認可を必要とする「託送契約」（標準的なアクセス料金および条件）の締結が求められている。</td></tr>
<tr><td>オランダ</td><td colspan="3">全国規模の送電網は発電会社によって所有されているが，法律的には発電会社の営利活動から分離されている。法律上は独立の送電系統オペレーターが，このネットワークを管理・運用している。また，地域の供給・配電会社があまり高圧でない送電網を所有している。そうしたネットワークの管理・運用も法律的には独立のオペレーターによって実行されている。すべての電力会社とネットワーク・オペレーターは，電力事業法に定められた独立性に関する法的要件を満たさなければならない。さらに，電気とガスに関する地域配給ネットワークの管理・運用も，製造や供給といった他の営利活動と法的に分離されていなければならない。エネルギー会社は，ネットワークを管理・運用する公営ないし民営の有限責任会社を1つまたは複数設立し，公式に指名しなければならない。エネルギー会社による独立ネットワーク・オペレーターの指名には大臣の認可が必要である。電力のネットワーク管理・運用者については，すでにその大方が指名されている。</td></tr>
</table>

ニュージーランド	所有分離	ECNZ（発電会社）が，1989年に Transpower（送電会社）から分離され別会社化された。1998年 4 月に導入された改革パッケージは，発電，小売販売，および配電の所有分離を求めている。	
ノルウェー	高圧送電系統の一大部分は Statnett による国有である。配電レベルでは，自治体所有の地域独占が支配的である。	発電における中央政府の利益は，Statnett から垂直分離された Statkraft において維持されている。NVE は地方配電レベルで発電の垂直分離を試みたが，ほとんど成功しなかった。そうした統合会社には，非競争的な分野の分離会計の維持が求められている。	
ポーランド	民営化のプロセスで，多くの発電会社，配電会社，エネルギー取引会社が民間の手に委ねられることになった。この民営化のプロセスは2002年に完了する予定である。送電系統は，Polish Power Grid Company によって管理・運用されている。		
ポルトガル		オペレーター（TSO）である REN は独立の事業者であり，発電，配電，小売り供給，および非電力事業から構造的に分離されている。	
スペイン	規制される事業と非規制の事業の所有分離が2000年12月に実施された。発電会社と小売販売会社は送電事業の株式所有者となりうるが，総持株比率は上限40％に制限されている。しかし，いずれの会社も配電事業の株式を所有することはできない。全国規模の送電会社は株式の25％を国によって所有されている。最大の公益系電力会社 Endesa は100％の民間会社である。		
スウェーデン		電気事業法は，送・配電網のオペレーターは発電ないし電力販売に従事してはならないと定めている。送電システムのオペレーターである Svenska Kraftnät は国の機関であり，独自の経営権を持つ独立の法人として組織化されている。	
スイス	現在のところ，構造分離の動きはない。電力会社の大多数は発電から配電まで垂直統合されている。いま，新しい法案が，全国規模の高圧送電会社を創設すべきこと，またそれは発電ないし配電に統合されるようなことがあってはならないことを提案している。また，新しい法案は電力の生産，送電，配電，そして他の事業にリンクした活動を会計分離するよう要求している。		
トルコ	情報が寄せられていない。		
英国（イングランド，ウェール	送電システムのオペレーター（NGC）は当	NGC は，完全に独立した，民間所有の法人であり，送電と給電指令の分野で排他的な運用を行っている。	

ズ)	初，12の地域配電会社によって所有されていた。現在，株式市場に上場されている。		
英国（スコットランド）	2つの垂直統合された会社が発電，送電，配電，および小売り供給を行っている。	発電と送／配電のアンバンドリング（制度分離）の管理・運用	
米国	情報が寄せられていない。		

出典：加盟国から提出された報告書。 EU-Japan Centre (2000) and ECO/WKP (2000) 24.

表 A-5　天然ガスにおける構造分離の要求

	輸送（送ガス）と配給（配ガス）との間	製造と輸送／配給との間	輸送／配給と小売り販売／供給との間	輸送／配給と貯蔵との間	輸送／配給と電力発電との間
オーストラリア*	分離されている。	製造のパイプライン（導管）事業からの構造分離は長期にわたり実行されている。	配ガスのガス小売りからの分離は，法律上要請されてはいない。ガス・コード（Gas Code）の下，競争可能なビジネス（小売りと製造）は，独占的なパイプラインによる輸送・配給ビジネスから分離され，別に所有されるか，もしくは，ファイヤー・ウォールが設けられることになっている。関連する事業者間の契約には規制当局の承認が必要となる。		
オーストリア	情報が寄せられていない。				
ベルギー	〃				
ブラジル	分離されている	Petrobras が，ほとんどの輸送パイプラインを支配している。1997年法は，製造と輸送施設を別々の法人に分離することを求めているが，両者の相互所有を禁じてはいない。このことにより，Petrobras は両方の市場において支配を続けている。ANP は，相互所有および自己取引に関するルールを公表したが，現在のところ，報告義務を超えるものとはなっていない。ガス配給のレベルでは，事業は27州でそれぞれ異なる発展をたどっている。			
カナダ*		輸送・配給施設の所有者は，彼らが他の市場で不公正な競争上の優位を獲得するために独占力を行使することがないよう，競争的なビジネスについては独立の関連子会社を設立しなければならない。OEB が，被規制の天然ガス配給会			

		社と競争的市場における彼らの関連子会社との関係を規定している。			
チェコ共和国	輸送は配給から分離されている。			当局は，輸送と貯蔵の統合防止に努力している。	
デンマーク	会計分離のみ行われている				
フィンランド		2001年8月1日より施行された天然ガス市場法は，電力市場法に対応するかたちで，天然ガスの運営分離条項（競争可能な事業の会計分離を求める）を含んでいる。			
フランス	フランス・ガス（Gaz de France）のほかに，17の地域事業者が配給サービスを行っている。				
ドイツ	情報が寄せられていない。				
ハンガリー	現在のところ，競争はなく，分離条項も設けられていない。				
アイルランド	BGE は当面は垂直統合されたままとどまることになる。しかし，ガス輸送事業の管理・運用は，いまやその他の事業と分離されて行われなければならないことになっている。これにより，BGE は，輸送事業について別会計を設定し，他社に自社と同一の輸送料金を適用しなければならず，また輸送ビジネスの過程で収集した営業機密情報を社の内外に漏らしてはならないことになる。				
イタリア	情報が寄せられていない。				
日本	〃				
韓国	〃				
メキシコ	1つの経済的エージェントは，輸送と配給の	Pemex が，主要なパイプライン・システム			

	両方の事業の許認可を同一の経済圏域のなかで持つことができない。両方の許認可を保有する事業者は，輸送サービスと配給サービスの会計分離を行い，さまざまな業務ラインやサービスの間で，もしくは地域の間で内部補助が行われていないことを証明しなければならない。	を所有している。２番目に大きな輸送パイプラインは Transcanada により支配されている。Pemex は，配給部門からは撤退している。			
オランダ*	Gasunie が高圧導管（パイプライン）を所有している。したがって，同社は輸送とその他の事業との間の会計分離を行わなければならない。地域の小売り配給・供給会社が低圧導管（パイプライン）を所有している。これらの地域ガス配給導管のネットワーク管理も，法律的には製造や小売り供給といった他の営利活動から分離されなければならない。エネルギー会社は，こうしたネットワークを管理・運用する１つないし複数の公営または民営の有限責任会社を設立するか，もしくは指名しなければならい。エネルギー会社が独立のネットワーク・オペレーターを指名するには，大臣の承認が必要である。この手続きはガス分野では開始されたばかりである。すべての会社はガス事業法に定められたオペレーターの独立性に関する法的要件を満たさなければならない。ガス・ネットワークの管理・運用者に関し，詳細な規制を定めるために，政策ルールが立案されているところである。				
ニュージーランド*	情報が寄せられていない。				
ノルウェー*	〃				
ポーランド	POGC の再編計画が2000年に承認された。POGC はガスの採掘と製造を行う１社と配給事業を行う４社に分離・再編されることになる。輸送会社は国有にとどまることになったが，これらの会社についても民営化が計画されている。				

ポルトガル	情報が寄せられていない。	
スペイン	現在，Gaz Naturel は輸送システムの84%（その子会社 Enagas を通して）を，またすべての配給システムの90%を所有している。緊急競争促進措置に関する政令（Royal Decree. 6/2000に）の発布後は，Gaz Naturel といえどもEnagasの株式を35%を越えて保有することはできなくなる。将来的には，Gaz Naturel が20%，Repsol が10%，La Caixa が5%を保有することとなり，残りの65%は公開取市場で取引される予定である（Repsol は，Gaz Naturel の株式の45%，また La Caixa の株式の25%を所有している）。	
スウェーデン	情報が寄せられていない。	
スイス	いまのところ競争はなく，完全に垂直統合されている。	
トルコ	情報が寄せられていない。	
英国*	〃	
米国*	〃	

注：＊印はかなりの天然ガス埋蔵量を有する国。
出典：加盟国から提出された報告書。

表 A-6　鉄道産業における構造分離の要求

	地域ネットワークの間	鉄道インフラと列車運行との間
オーストラリア		連邦政府は，独立の軌道インフラ提供者であるレイル・トラック会社（Australian Rail Track Corporation）を設立し，それに州際間鉄道網の重要な要素を所有・管理させることによって，オーストラリアの州際間鉄道事業の所有，会計，および運行を垂直的に分離した。独立事業法人である National Rail Corporation が，州際間および州内の旅客・貨物輸送サービスを提供している。しかしながら，オーストラリアの鉄道産業の大部分は，連邦政府ではなく，州政府によって規制されている。そこでの構造分離の度合いは州によって異なる。ニューサウス・ウェールズ州は軌道インフラ，メンテナンス，および旅客・貨物運行の所有分離を行っている。西オーストラリア州，クィーンズランド州，タスマニア州は軌道インフラと運行の上下分離を行っていない。
オーストリア		（EC 閣僚理事会指令，Directive 91/440/EEC の 6 条パラグラフ 1 に沿うかたちで）輸送サービスの提供に関連する事業と鉄道インフラの管理・運用に関連する事業の会計が分離されている。
ベルギー		会計の観点からは，ベルギー国鉄（SNCB）は民間企業と同一の法律に従うことになっている。とはいえ，公共輸送サービスやそれに関連する事業については，他の事業に対し会計分離システムの設置が求められている。列車の運行とインフラ管理で分離会計が維持されている。だが，制度的なレベルでは構造分離はなく，ベルギー国鉄は将来においてもそのような計画を持っていない。
ブラジル	情報が寄せられていない。	
カナダ		統合されている。
チェコ共和国		鉄道インフラも列車運行も垂直統合された国有会社によってサービスが提供されている。ただし，インフラ部門の会計は車両部門の会計から分離されている。
デンマーク		鉄道事業は垂直分離されているが，いまだ競争はなく，従来通りの規制が行われている。1977年 1 月 1 日以前にあっては，国有会社であるデンマーク鉄道（DSB）がインフラ（軌道と信号システム）を所有し，列車を運行していた。現在は，鉄道局（Banestyrelsen）がインフラを所有し，デンマーク鉄道は列車を運行するだけになっている。清掃や車内食堂サービスといったメンテナンス設備については，民間企業との間で委託契約が結ばれている。
フィンランド		列車運行事業を，フィンランド会社法のルールに則り形成された会社グループに分離・分割することで，フィンランド鉄道は法的には運行から独立した会社となった。その親会社は，フィンランド鉄道グループ

		会社（VR-Group Ltd）と呼ばれており，国がその株式の100％を保有している。独立規制機関であるフィンランド鉄道管理庁（Finnish Rail Administration）が，法律（Act 21/1995）に基づき，1995年に設置された。同庁は，行政上は運輸通信省に所属し，国有鉄道網の維持・発展に責任を負っている。
フランス		フランス国鉄（SNCF）の設立以後，会計分離が行われている。フランス鉄道線路公社（RFF）の創設は組織分離を帰結した。フランス国鉄は，旅客・貨物輸送に責任を負う子会社を設立している。
ドイツ		構造分離の法的基礎となっているのは，ドイツ鉄道事業基本法（Deutsche Bahn Gründungsgesetz, DBGrG-Act to Establish the German Rail Joint-stock Corporation of 1993）である。この法律により，まず連邦鉄道特別財産（Bundeseisenbahnvermögen, BEV）から営利活動を抜き出されることでドイツ鉄道会社（DB AG）が設立された。その上で鉄道事業が長距離旅客輸送，短距離旅客輸送，貨物輸送，およびインフラ整備の4つに分割され，会計と組織の両面で構造分離が基礎づけられた。ドイツ鉄道会社の登録後（1994年1月5日），3年以上，5年以内にこれらのビジネスは少なくとも4つの独立の株式会社に編成されることになっている。1997年12月に，ドイツ鉄道会社の監視委員会は鉄道事業を下記の5つの会社に改編するとの決定を下した。 ・長距離旅客輸送会社（DB Reise und Touristik AG） ・短距離旅客輸送会社（DB Regio AG） ・貨物輸送会社（DB Cargo AGJ） ・ネットワーク会社（DB Netz AG） ・駅・サービス会社（DB Station and Service AG） これらの会社は，持ち株会社であるドイツ鉄道会社の下，グループ化される予定である。持ち株会社となる同社の解体には議会の法律が必要となる。
ハンガリー		鉄道会社は，本業（line-railways）と多角化した事業に別の会計（貸借対照表）を準備しなければならない。差別のない自由な競争状態を保証するためには，別の組織の設立が必要とされている。その組織は鉄道会社から独立し，鉄道路線のキャパシティを計画・配分し（スケジュール調整の遂行），輸送量とサービスの質を管理し，運行の乱れを分析し，鉄道事故を調査することになる。
アイルランド		現在のところ，インフラと運行の分離は行われていない。「公益事業局」はアイルランド鉄道（Iarnród Éirann）を2つの独立会社（1つはインフラ整備に，もう1つは鉄道運行サービスに責任を負う）に垂直分離すべきことを提案している。
イタリア		会計分離が実施されており，インフラ整備（ASA Rete が担当）と運行の実質的な分離がなされている。

		経済計画に関する各省連絡委員会は制度的な構造分離に向け条項を作る決定を下しているが，いまだ実行されていない。
日本		統合されている。
韓国		〃
メキシコ	既存の鉄道路線をベースに事業を行っている鉄道会社は垂直統合されている。メキシコ・シティに乗り入れる主要鉄道路線を持つ鉄道会社が，メキシコ・シティの一大ターミナルをそれぞれ25％所有している。事業特権を持つ各鉄道事業者は，貨物・旅客輸送事業，輸送サービス義務を負う総鉄道路線，および残りの多角化事業を会計分離しなければならないことになっている。既存事業者を路線ベースの会社に分割した改革は，積極的な効果をもたらした。貨物輸送は1998年には23％，99年にも６％増加している。サービスの質，輸送時間，平均スピードも改善された。生産性は283％増加し，列車の遅延は60％削減され，新たに680万ドルの投資がなされている。	
オランダ		鉄道網の所有・管理と列車の運行は切り離され，オランダ鉄道（NS）とは別の独立子会社に任されることになった。2001年１月１日に，こうした会社は法律的にもオランダ鉄道から分離される予定である。
ニュージーランド		ニュージーランド鉄道は完全に統合されており，鉄道は競争にさらされていない。
ノルウェー		ほとんどの軌道インフラが1996年にノルウェー鉄道（NSB）から鉄道局（Jernbaneverket）に移管された。駅舎やターミナルのような他の施設はいまだノルウェー鉄道によって所有されているが，コスト・ベースで鉄道局に貸し出されている。1999年までは，ノルウェー鉄道と鉄道局は管理・運用を分担し，役員を兼任していた。
ポーランド		1999年７月に承認された法律案により鉄道庁（PKP）が法人化され，インフラと運行サービスがそれぞれ独立の事業主体に分離された。旅客・貨物会社の数については今後の決定を待たなければならない。
ポルトガル		会計分離は1996年に開始され，組織分離は，鉄道インフラの管理・運用を行うための公共企業，ポルトガル鉄道インフラ公社（REFER EP）を創設した法令（Decree No 104/97）により実行された。
スペイン		政府がインフラのすべてを所有している。一般鉄道網はスペイン国鉄（RENFE）に所属し，高速鉄道はスペイン鉄道インフラ公社（GIF）に所属している。1994年以後，会計分離がスペイン国鉄に課されており，インフラの管理・運用と営利事業体（郊外，都市間，高速，貨物）の会計分離がなされている。
スウェーデン		1988年以後，インフラ会計に関する責任は，スウェーデン鉄道庁（Banverket）が負うことになっている。1988年に鉄道インフラの供給責任は政府が引き受けることになったため，インフラ事業の経営は完全に運

		行事業から分離されている。
スイス		鉄道再編計画が，鉄道事業者に対し，会計分離を，また時には，従来統合されていた鉄道インフラと列車運行の完全分離を促している。これにより内部補助がなくなり，鉄道事業に必要な透明性が確保されることになるであろう。中小の民鉄（FSPs）と狭い軌道鉄道に対しては会計分離のみが計画されている。より規模の大きな民鉄には，再編されたスイス連邦鉄道（CFF）と同様の方法で，会計分離の導入が求められることになる。
トルコ		鉄道インフラと列車運行の分離，およびそれらの独立した事業単位として再編に関し，現在検討がなされているところである。政府基金を通して，インフラ事業体に融資がなされる予定である。EEC指令（Directive 91/440/EEC）に則り，現在会計分離が進行中である。
英国		英国の鉄道会社は法律的に政府から独立しており，事業の経営に自律性を有している。ほとんどの鉄道会社が民間企業に変わってきている（旅客輸送会社については100%）。新しい産業構造の下，イギリス国鉄の軌道インフラは民間に移転され，レイル・トラック（Rail Track）がその経営に責任を負っている。旅客輸送サービスについても，フランチャイズ・システムを通して，民間企業が運行を行っている。また，産業を監視し，事業者によるインフラ・アクセス権の濫用を防止するため，鉄道規制官（Rail Regulator）が置かれている。
米国		統合されている。

出典：加盟国から提出された報告書。OECD (2000).

表 A-7　OECD 諸国における電気通信の設備ベースの競争状態（2001年1月）(1)

国	公衆網での競争		移動体通信での競争	
	固定公衆網	ネットワーク・インフラ（音声ではないもの）	アナログ	デジタル
オーストラリア	40		—	5
オーストリア	65	21	1	4
ベルギー	19	13	1	3
カナダ	148	2	2	8
チェコ共和国	2001年まで独占（16の地域通信免許の賦与と2つのパイロット・プロジェクト）が計画されている。	複占	1	3
デンマーク			1	4
フィンランド	126	—	1	4
フランス	49	14	2	3
ドイツ	173	250	1	4
ギリシャ	2001年まで独占。	3	—	3
ハンガリー	2001年末まで長距離・国際通信は独占，14の地域通信免許が賦与されている。	—	1	3
アイスランド	3		2	4
アイルランド	46		—	3
イタリア				
日本	215		9	41
韓国	4	10	—	5
ルクセンブルク	9	8		2
メキシコ	34	71	9つの各地域で複占，7人のプロバイダー。	9つの各地域で複占，7人のプロバイダー（アナログ・プロバイダーがネットワークをデジタル化している）
オランダ		103	1	5
ニュージーランド				2
ノルウェー	41	12	1	3
ポーランド	2001年まで国際通信サービスは独占，53の地域通信免許が賦与される予定。		1	3
ポルトガル	19	12	—	3

スペイン	75		1	3
スウェーデン	30	80		4
スイス(2)	96	—	—	3
トルコ	2003年まで独占			3
英国	487	5	2	5
米国(3)	1965			各地域に上限７人のプロバイダー

注：(1)　免許賦与の慣行はOECD諸国の間でさまざまであり，事業者の数を比較するのはむずかしい。多くの国が公衆網の免許を地域，全国規模，国際といった具合に差異化していない。いくつかの免許は地域通信の免許かもしれない。また，いくつかの国では，免許はネットワークというより，サービスに関連したものであるかもしれない。再販事業者は含まれていない。多くのOECD諸国で，いまや市場から除去されつつあるアナログ・モバイルは独占となっている。

(2)　免許は公衆網とネットワーク・インフラの両方に官するものである。

(3)　米国の人口の93％は，少くとも市場で３つの相互に競合している事業者にアクセスでき，人口の33％は６人以上の事業者にアクセスできる状態にある。

出典：「通信アウトルック2001」，表2.1。

表A-8　既存の公衆電気通信事業者（PTOs）により提供されている携帯電話サービス

国	既存事業者と関係を持つ携帯電話事業者	既存事業者との関係
オーストラリア	Telstra	テルストラ（Telstra）が直接運営
オーストリア	Mobilkom Austria	オーストリア郵電公社（PTA）が75%を所有
ベルギー	Belgacom Mobile	ベルガコム（Belgacom）が75%を所有
カナダ	Mobility Canada	ステンター（Stentor）が直接運営
チェコ共和国	EuroTel Praha	チェコ郵電公社（SPT Telecom）が51%を所有
デンマーク	Tele Denmark Mobile	テレ・デンマーク（Tele Denmark）が直接運営
フィンランド	Sonera Ltd.（Telecom Finland）	テレコム・フィンランド（Telecom Finland）が直接運営
フランス	France Télécom	フランス・テレコム（France Télécom）が直接運営
ドイツ	Deutsche Telekom MobilNet GmbH	ドイチェ・テレコム（Deutsche Telekom）が100%を所有
ギリシャ	Cosmote	ギリシャ郵電公社（OTE）が70%を所有
ハンガリー	Westel 900	マターブ（Matav）が46.6%を所有
アイスランド	Iceland Telecom	アイスランド・テレコム（Iceland Telecom）が直接運営
アイルランド	Telecom Eireann	テレコム・アイランが直接運営
イタリア	Telecom Italia Mobile（TIM）	テレコム・イタリア（Telecom Italia）が63%を所有(1)
日本	NTT DoCoMo	NTTが94.7%を所有(2)
韓国	SK Telecom	コリア・テレコム（Korea Telecom）が20%を所有
ルクセンブルク	P&T Luxembourg	ルクセンブルク郵電公社（P&T Luxembourg）が直接運営
メキシコ	Radio Móvil DISPA	テレメクス（Telemex）が100%を所有
オランダ	KPN Telecom	KPNテレコム（KPN Telecom）が直接運営
ニュージーランド	Telecom Mobile	テレコム・ニュージーランド（Telecom NZ）が100%を所有
ノルウェー	Telenor Mobile	テレノール（Telenor AS）が100%を所有
ポーランド	Polska Telefonia Komórkowa（PTK）	ポーランド郵電公社（TPSA）が66%を所有
ポルトガル	Telecommunicações Móveis Nacionais S. A.（TMN）	ポルトガル・テレコム（Portugal Telecom）が100%を所有
スペイン	Telefónica Moviles	テレフォニカ（Telefonica）が100%を所有
スウェーデン	Telia Mobitel	テリアAB（Telia AB）が100%を所有
スイス	Swiss PTT	スイス郵電公社（Swiss PTT）が直接運営
トルコ	Türk Telecom	トルク・テレコム（Türk Telecom）が直接運営

英国	Cellnet	BT（British Telecom）が60％を所有
米国	—(3)	

注：(1)　以前には，テレコムイタリア・モバイルはSTETグループにより株式の63％を所有されていた。また，そのSTETグループは既存の通信公衆電気事業者であるテレコム・イタリアに株式の63％を所有されていた。しかしながら，1997年3月にSTETとTelecom Italiaは合併を発表し，テレコム・イタリア（Telecom Italia）と呼ばれる新しい会社になった。

(2)　NTTは，1998年10月のドコモの株式市場への上場の際に，67.1％まで株式所有を引き下げると予想されている。

(3)　地域電話会社（LECs）が，子会社方式で携帯電話サービスを提供している。

出典：OECD (1998a)，表2，9頁。

表 A-9　情報通信分野における相互所有および共同供給規制の諸タイプ

国	公衆網と携帯電話との間(1)	電気通信とケーブル・テレビ事業との間	電気通信と放送事業との間(2)	ケーブル・テレビと放送事業との間	テレビ・サービス分野の内部(3)
相互所有規制	・公衆網事業者（とくに既存事業者）が携帯電話市場で活動するときの制限。法律的に独立した企業の設置を必要とすること。 ・公衆網事業者（とくに既存事業者）による携帯電話事業者の株式所有制限。	・電気通信事業者（とくに既存事業者）がケーブルテレビ市場で活動するときの制限。法律的に独立した企業の設置を必要とすること。 ・電気通信事業者（とくに既存事業者）によるケーブル・テレビ事業者の株式所有制限。	・電気通信事業者が放送市場で活動するときの制限。法律的に独立した企業の設置を必要とすること。 ・電気通信事業者（とくに既存事業者）による放送事業者の株式所有制限。 ・放送事業者が電気通信市場で活動するときの制限。法律的に独立した企業の設置を必要とすること。 ・放送事業者による電気通信事業者の株式所有制限。	・ケーブル・テレビ事業者が放送市場で活動するときの制限。法律的に独立した企業の設置を必要すること。 ・ケーブル・テレビ事業者による放送事業者の株式所有制限。 ・放送事業者（とくに既存事業者）がケーブル・テレビ市場で活動するときの制限。法律的に独立した企業の設置を必要すること。 ・放送事業者（とくに既存事業者）によるケーブル・テレビ事業者の株式所有制限。	・１人の事業者による所有が許されるテレビ免許の数に関する制限。 ・１人の事業者によるテレビ会社の株式所有制限。
共同供給規制インフラの供給	・公衆網事業者（とくに既存事業者）が，法律的に分離していない携帯電話ネットワークを提供することに関する制限。	・電気通信事業者（とくに既存事業者）が，法律的に分離していないケーブルテレビ・ネットワークを提供することに関する制限。 ・ケーブル・テレビ事業	・電気通信事業者が放送事業の免許を取得することに関する制限。 ・放送事業者が電気通信インフラを提供することに関する制限。	・ケーブル・テレビ事業者が放送事業の免許を取得することに関する制限。 ・放送事業者がケーブルテレビ・ネットワークを提供することに関す	

		者（とくに既存事業者）が，法律的に分離していない電気通信インフラを提供することに関する制限。		る制限。	
サービスの供給	・公衆網事業者（とくに既存事業者）が，法律的に分離していない携帯電話サービスを提供することに関する制限。	・公衆網事業者（とくに既存事業者）が，法律的に分離していないケーブルテレビ・サービスを提供することに関する制限。	・電気通信事業者が放送免許を取得することに関する制限。 ・放送事業者が電気通信サービスを提供することに関する制限。	・ケーブル・テレビ事業者が放送事業の免許を取得することに関する制限。 ・放送事業者がケーブルテレビ・サービスを提供することに関する制限。	

注：(1)　電気通信分野は一般に通信（communications）分野のうちの一部門と見なされるため，「相互所有」ないし「共同供給」という用語はここには当てはまらない。
(2)　「放送テレビ」という用語は，地上中継局を使用した，伝統的な地上波放送テレビを指している。
(3)　テレビ・サービス分野は一般に通信分野のうちの一部門と見なされるため，「相互所有」ないし「共同供給」という用語はここには当てはまらない。
出典：OECD (1998a)，表１。

表 A-10　電気通信分野における構造分離の要求

国	地域固定電話サービスの間	地域通信サービスと長距離通信サービスとの間	地域通信サービスと携帯電話サービスとの間	地域通信サービスとブロードバンド・サービスとの間
オーストラリア	テルストラ（Telstra）は，いまだ構造分離されていない。政府の方針は，取引慣行法（Trade Practices Act）の下で電気通信産業に対し市場支配力の濫用に関する特別なルールを適用し，記録保持の特別なルールを適用するというものであった。委員会は，近い将来，会計分離を義務づける公式な措置をとる意向である。			
オーストリア				公衆電気通信事業者（PTA）は，テレビ・インフラを提供していない。
ベルギー				ベルガコム（Belgacom）はテレビ・インフラを提供していない。
ブラジル	以前は国有であり，電気通信事業の独占体であったテレブラス（Telebras）が民営化された際に，公益事業特権（フランチャイズ）を有するいくつかの地域通信会社が創設され，地方・地域内で固定有線サービスを提供している。	別会社であるエムブラテル（Embratel）に，長距離通信と国際通信の事業特権（フランチャイズ）が与えられることになった。2003年からは Embratel に地域通信サービスの提供が認められる予定であるが，同時に既存地域通信会社にも長距離通信サービスの提供が認められる予定である。		
カナダ	規制によるセーフガードが，競争的なサービスと独占的なサービスのバンドリング（一括販売）を制限している。また，携帯電話サービスについては，独立の子会社を通したサービス			

	の提供が求められている。		
チェコ共和国	公共電気通信サービスの運営については，会計分離の維持が必要とされている。		
デンマーク	テレ・デンマーク（TeleDanmark）の競争分野と非競争分野との間で，会計分離が行われている。また，同社は，ネットワークの運営に関し，ライバル企業に自社と同一の料金（例えば，アクセス料金）を設定しなければならない。		
フィンランド	複数の電気通信会社に会計分離が求められている。1997年の決定により，地域，長距離，国際，NMT，GSM，DCS，および固定データ通信について，各事業の会計分離が必要とされている。		
フランス	情報が寄せられていない。		
ドイツ	〃		
ハンガリー	個々の会社との間で締結された免許取得に関する合意は，免許取得を必要とする事業と必要としない事業を会計目的上分離するというルールを含んでいる。しかしながら，こうした合意条項から発生する義務を会社がいつも完全に果たしているわけではない。契約上の義務を履行させるのは手続き上非常に難しいことが，過去数年間において判明している。	1999年にマターブ（MATÁV）は，以前の共同所有者であった Media One がハンガリー市場から撤退し，その権利をマターブの親会社であるドイツテレコムに売却した後，その子会社である携帯電話事業者ヴェステル（Westel）の排他的な支配権を獲得した。	
アイルランド	情報が寄せられていない。		
イタリア	〃		
日本	NTT は，1999年 7 月に，地域通信事業者であり，サービス範囲を圏内通話サービスの NTT 東日本，NTT 西日本と長距離通信および国際通信サービスを提供する NTT コ		

	提供に限定されたNTT東日本，NTT西日本を含む，4つの会社に分割された。NTT東日本，NTT西日本，およびNTTコミュニケーションズはすべて単一の持ち株会社の子会社となっている。	ミュニケーションズとに分割された。NTT東日本，NTT西日本，およびNTTコミュニケーションズはすべて単一の持ち株会社の子会社となっている。		
韓国	情報が寄せられていない。			
メキシコ	テレメクス（Telmex）は，会計分離に従うことを条件に子会社方式で競争分野に参入することが許されている。規制当局（Cofetel）のルールにより，テレメクスは，10のサービス（固定地域電話，地域携帯電話，長距離電話，公衆電話，遠隔地電話，専用線サービス，トランキング，ポケベル，ケーブルおよびその技術設備維持と営業，有料テレビ，その他のサービス）について会計情報の提供が求められている。しかし，この規制はいまだ適用されていない。			テレメクスは，一般放送サービスに参画することが許されておらず，また放送事業に関係している事業者は，テレメクスの普通株を持つことができない。
オランダ	他のプロバイダーに対し相互接続サービスを提供している固定公衆電気通信網，固定公衆電気通信サービス，およびレンタル回線のプロバイダー（供給者）は，相互接続に関連する事業と他の事業を会計分離しなければならない。インフラとサービス提供の垂直統合の度合いは高い。			
ニュージーランド	情報が寄せられていない。			
ノルウェー	テレノール（Telenor）は垂直統合された会社である。テレノールは会計と規制当局への報告で一定の原則に従わなければならない。改良された会計システムが，2000年からテレノールに課されるようになった。このシステムは，非差別性，透明性，コスト志向に関するルールの徹底を意図したものである。1999年に議会はテレノールのインフラを別の企業に分離する提案を否決した。テレノールは，2001年に部分的に民営化される予定である。			

ポーランド	EUのガイドラインに従い，新しい電気通信法により，個々のサービス・タイプごとにコスト計算が必要とされるようになった。			
ポルトガル	情報が寄せられていない。			
スペイン	電気通信事業者は垂直統合されている。ただし，テレフォニカ（Telefonica）は，規制当局に対し，ネットワーク・コストに関する情報を提供しなければならない。		2000年6月の規制により，固定ないし携帯電話において複数の主要な電気通信事業者の株式を3％超取得しようとする場合には，そうした企業の統治機関への議決権が制限されることになる。	
スウェーデン	情報が寄せられていない。			
スイス	構造分離は求められていない。すべての電気通信事業者は，市場のどの部分でも活動が可能である。接続サービスの会計分離に関しては，通信委員会が相互接続サービスの料金規制に関するルールを施行し，また規制・非規制のサービス間の内部補助を防止しなければならないことになっている。			
トルコ	情報が寄せられていない。			
英国			セルネット（(Cellnet）に対するBTのシェアは60％に制限されている。)	
米国	情報が寄せられていない。			

出典：加盟国から提出された報告書。

表 A-11　OECD 諸国における特別相互所有制限

国	制限	制限の詳細
オーストラリア	有り	支配的な民間テレビ放送事業者ないし公共放送事業者はデータ・キャスターの送信免許の支配を許されていない。
オーストリア	有り	公共放送事業者 ORF は，ケーブル・テレビ事業者に投資することはできない。
ベルギー(1)	有り	ケーブル・テレビ事業者は，地上波放送サービスを提供することはできない。 ケーブル・テレビ事業者は，民間テレビ局ないし地域・コミュニティのテレビ局の株式を24％を超えて取得することはできない。またケーブル・テレビ事業者は，そのようなテレビ局の管理機関の株式を 3 分の 1 を超えて保有し，経営することはできない。 地上波放送事業者は，ケーブル・テレビのインフラ設備およびサービスを提供することはできない。
カナダ(2)	なし	
チェコ共和国	なし	
デンマーク	なし	
フィンランド	なし	
フランス	有り	400万人以上の人口をもつ地域で放送免許を有する地上波放送事業者は，ケーブル・テレビのインフラ設備を提供することはできない。 600万人以上の人口をもつ地域でケーブル免許を有するケーブル・テレビ事業者は，地上波放送サービスを提供することはできない。
ドイツ	なし	
ギリシャ	有り	有料テレビないし有料ラジオの免許を有する会社は，無料の地上波・衛星放送を行う免許を保有することはできない。 有料放送の免許を有する会社は同一の放送モード（地上波，ケーブル，衛星）ではただ 1 つの有料放送免許しか持てないが，異なる放送モードでは複数の有料放送免許を持つことができる。
ハンガリー	有り	ケーブル・テレビ事業者は，地上波放送サービスを提供したり，地上波放送事業者に投資することはできない。
アイスランド		
アイルランド	なし	
イタリア	有り	通信事業法は 3 つの市場を区別している。地上波放送テレビ，ラジオ，およびケーブル・衛星放送が，それである。い

		ずれの市場に関しても，事業者は当該市場で30％を超える金融資産を持つことはできない。この30％制限を超えないかぎり，事業者は２つないし３つの市場で活動することができる。
日本	有り	地上波放送事業者は，特殊なケースにあっては，ケーブル・テレビのインフラ設備を供給することができる。
韓国	有り	地上波放送事業者とケーブル・テレビ事業者の相互所有は認められていない。地方波放送事業者は33％を超えて衛星放送事業者の株式を所有することはできない。 また，衛星放送事業者は33％を超えてケーブル・テレビ事業者の株式を所有することはできない。 ケーブル・テレビ事業者間の，またケーブルテレビ事業者と番組製作者の相互所有にも制限が課されている。
ルクセンブルク	なし	
メキシコ	なし	
オランダ	なし	
ニュージーランド	なし	
ノルウェー	有り	事業者が単独ないし他者と協力してメディアの株式を取得し，全国規模，地域・地方規模のメディア市場で重要な所有上の地位に就き，かつそれが法の目的に違反すると考えられる場合には，メディア所有規制当局は，新聞社ないし放送会社の所有権の取得に反対し，介入することができる。
ポーランド		
ポルトガル	なし	
スペイン	有り	民間地上波放送事業者はケーブル・テレビのインフラ整備を提供することはできない。また，ケーブルテレビ・サービスを提供している民間地上波放送事業者は，複数のケーブル・テレビ免許を持つことはできない。 さらに，電気通信サービスを提供している民間地上波放送事業者は，複数の電気通信免許を持つことはできない。
スウェーデン	なし	
スイス	なし	
トルコ	なし	
英国	有り	BBC は，ケーブルテレビ・サービスの免許を持てないことが明記されている。 放送規制官は，商業テレビ放送の免許取得者がケーブルテレビ・サービスの免許を取得することがないよう，完全に保証しなければならない。

		BT および他の電気通信事業者がその電気通信ネットワークを通してテレビ・サービスを提供することを禁じていた法律は，1999年1月に廃止された。
米国	有り	ケーブル・システムは，当該ケーブル・システムが所有，運営，もしくは支配するテレビ放送局の，もしくは当該ケーブル・システムとサービス・エリアが重複するテレビ放送局の信号（電波，映像，音声など）を報道してはならない。。

注：(1)　ベルギーからの回答はフランス語圏の規制を反映したものである。
(2)　CRTC が，ケース・バイ・ケースで問題を調査している。さらに，ケーブルテレビ・サービスの提供を希望する電気通信事業者は，構造分離された独立事業体でそれを行わなければならない。

出典：*Communications Outlook 2001*, 表6.23。

表 A-12　OECD 諸国におけるテレビ・サービスに関する所有制限[1]

国	地上波	ケーブル・テレビ	衛星放送
オーストラリア	1人の事業者が，免許の対象エリアの人口が合計でオーストラリア総人口の75%を超えるような商業地上波放送の免許を保有し，支配することはできない。	なし	なし
オーストリア	なし	なし	なし
ベルギー[2]	直接的・間接的に民間放送局の株式を24%を超えて保有する事業者は，フランス語圏の別の民間放送局の株式を24%を超えて所有してはならない。		
	フランス語圏の有料テレビ放送局は，単独で，もしくは自分が多数株を所有する子会社の1つと連携して，その株式資本を少なくとも26%を RTBF のために留保していなければならない。さもなければ，彼らの地位が RTBF の議決権を保証するようなものでなければならない。		
カナダ	1人の事業者は同一の市場において同一の公式言語を使用するテレビ局を複数所有してはならない。 ラジオ：1つの言語で，8つ未満の商業ラジオ局から成るラジオ市場においては，当該言語で3つまでラジオ局を共同所有することが許されており，いずれの周波数帯であろうと（AM ないし FM），最大2つのラジオ局を所有することが許されている。8つ以上の商業ラジオ局から成るラジオ市場においては，4つ（2つの AM と2つの FM）まで共同所有が許されている。	なし	なし

チェコ共和国	なし	なし	なし
デンマーク	地域テレビに関し， ・同一の個人が複数の地域放送局の役員会メンバーとなることはできない。 ・非商業的な地域放送事業者は新聞社と利害関係を持ってはならない。	なし	なし
フィンランド	なし とはいえ，ライセンスの賦与を決定する際，規制当局は言論の自由の推進と番組の多様化に心がけるべきである。免許の所有権ないし支配権が変更を見る場合には，新たに免許が申請されなければならない。	なし	なし
フランス	1人の事業者が全国規模の放送会社の株式を49％を超えて所有してはならない。400万人以上の人口を有する地域でテレビ放送の免許をすでに取得している放送会社は，追加免許を取得してはならない。 以下の4つの条件が，デジタル放送の免許の発行を制限している。いかなる個人ないし法人といえども， ・免許を有する会社の資本ないし議決権の49％超を所有することはできない。 ・5チャンネル超を支配することはできない。 ・同一の地理上のエリアで複数の免許を取得することはできない。 ・600万人を超える人々を対象に放送	600万人以上の人口を有する地域をカバーする免許をすでに取得しているケーブル・テレビ事業者は，追加免許を取得してはならない。	

	サービスを提供できるほど，さまざまなエリアで免許を集積することはできない。		
ドイツ	1人の放送事業者が，地上波，ケーブル，衛星テレビを含むテレビ市場において，年間平均視聴率で30％超の視聴率を握ってはならない。		
ギリシャ	1人の事業者が複数の放送会社の株式や議決権を所有してはならない。 1人の事業者が，放送会社の株式を25％を超えて所有してはならない。	回答なし	回答なし
ハンガリー	全国規模のテレビ放送免許を有する事業者，またはそのような会社の支配株を所有する事業者は，別のテレビ会社の支配株を取得してはならない。	電気通信機関は，人口3万人以下の居住区を除き，ケーブル・ネットワークを所有，賃貸，もしくは支配してはならない。	回答なし
アイスランド			
アイルランド	なし	なし	
イタリア	1人の事業者が利用可能な周波数の20％以上を，もしくは放送分野の所得（広告料収入・プラス・ライセンス収入）の30％超を支配してはならない。	1人の事業者がケーブルおよび衛星放送市場の金融資産の30％超を支配してはならない。	なし
日本	1人の事業者が複数の放送局を所有ないし支配してはならない。	なし	1人の事業者が複数の放送局を所有ないし支配することはできない。
韓国	1人の事業者が一般チャンネルないしニュース・チャンネルの株式を30％を超えて所有してはならない。 1人の事業者がCATVおよび衛星放送における一般チャンネルおよびニュース・チャンネルの株式を30％を超えて所	ケーブル・テレビ事業者ないし番組製作者が，各グループの総売上高で33％を超えるシェアを握ってはならない。 ケーブル・テレビ事業者が，ケーブル・エリアで10％を超えるネットワークを所有してはならない。	（地上放送，ケーブル，衛星の）いずれの放送事業者も，放送事業の総売上高の33％を超えるシェアを占めてはならない。

	有してはならない。		
ルクセンブルク	1人の事業者が複数の放送会社の株式を所有してはならない。 1人の事業者が放送会社の株式ないし議決権を25％を超えて所有してはならない。		
メキシコ	なし	有料テレビ放送会社が，同一の地理上のエリアで複数の免許を取得するためには，COFETELの認可を得なければならない。	
オランダ	なし	なし	なし
ニュージーランド	なし	なし	なし
ノルウェー	メディア所有規制当局は，メディア企業の取得により，ある事業者が，全国規模の，もしくは地域・地方規模のメディア市場で重要な所有上の地位を獲得するような場合には，その取得に介入できる。	なし	なし
ポーランド			
ポルトガル	とくに支配的地位の濫用や過度な集中に関係する放送分野の問題には，一般競争法が適用されることになっている。		
スペイン	1人の事業者が複数の免許を取得してはならない。 1人の事業者が直接的・間接的に25％を超える支配株を保有してはならない。 1人の事業者が複数の免許取得につながる株式を所有してはならない。	1人の事業者に対する最大加入者数は150万人に限定される。	1人の事業者が直接的・間接的に資本の25％を超える支配株を保有してはならない。
スウェーデン	なし	なし	なし
スイス	申請者は，免許を賦与する当局に対し，主要株主の名前を明示しなければならない。当局は，考え方の多様性や供給主体の多様性にとって脅威とならないか，それを見定めるため申請書をチェックすることになる。		
トルコ	1人の事業者が放送局の株式を25％を超えて所有してはならない。		

英国	アナログ・テレビに関し， ・１人の事業者がテレビの総視聴者数の15％を超えるような放送免許を保有，もしくは支配してはならない。 デジタル・テレビに関し， ・ポイント制度の利用の仕方，また割り当てられた総ポイント数にもよるが，１人の事業者が保有できる最大許容ポイント数は，総デジタル番組サービスの20～25％であり，その間を変動している。 ・複数免許の取得は制限されている。３つ以上の免許の取得は，何びとにも，いかなる法人にも許されていない。		
米国	１人の事業者が全国規模で視聴者の35％を超えるような放送局を，所有，運営，もしくは支配してはならない。 １人の事業者が同一の市場で複数のテレビ局を所有してはならない。 １人の事業者が複数の既設ネットワーク（ABC，CBS，FOX，NBC）を所有，運営，もしくは支配してはならない。 １つの既設ネットワークと一つの新生ネットワーク（UPN，WB）の共同所有は許可される予定である。	いかなる事業者も，多重ビデオ番組配信サービスに関し，全国規模で見てケーブル・テレビ加入者の30％を超えて配信サービスを行うようなケーブル・システムを所有，運営，もしくは支配してはならない。	なし

注：(1)　一般にこの表は商業テレビ放送に関するものであり，公共テレビ放送は含まれていない。
(2)　ベルギーからの回答はフランス語圏の規制を示すものである。

出典：*Communications Outlook*，表6.24

表 A-13　郵便サービスにおける構造分離の要求

	地域収集者と配達者との間	配達と収集／仕分け／輸送との間	配達と速達便／小包配達との間（水平分離）
オーストラリア			連邦議会に上呈されている法律は，オーストラリア・ポスト（Australia Post）に対し独占サービスに関する記録を別保存するよう，求めることになろう。これは，同ポストが独占サービスから競争サービスに内部補助を行わないようにするためである。
オーストリア	情報が寄せられていない。		
ベルギー	〃		
ブラジル	〃		
カナダ	〃		
チェコ共和国	〃		
デンマーク			ポスト・デンマーク（Post Danmark）の会計収支のルールにより，内部補助のチェックに必要なデータが記述されることになっている。それにより（例えば，競争分野と非競争分野の間で内部補助がなされないよう）競争ルールが機能しているかどうか評価できるようになっている。
フィンランド			「一般的なサービスの提供者は，さまざまなサービス料金の合理性およびサービス・コストに関し，説明責任を果たせるような計算手法を用いることになる。その内部会計において，一般的なサービスの提供は，一般的，基礎的なサービスと他のサービスとにそれぞれ分離されることになる」。
フランス			指令（Directive 97/67/CE）は，フランス・ポスト（La Post）に対し郵便サービスをそれぞれ独占サービスと競争サービスに会計分離するよう，求めている。加えて，独占サービスに関する会計は，ユニバーサル・サービス義務の部分を構成するサービスとそれ以外のサービスとに明確に区分されなければならない。
ドイツ	情報が寄せられていない。		
ハンガリー			現在準備中の統一通信法の条項は，公正料金を認める見返りとして，大口顧客や他のサービス提供者が郵便ネットワークに直接アクセスできるよう，単一の言語で作成され

			なければならない。 これは，サービス維持にかかるコストの透明な表示に向けた前提条件であり，法律のなかで取り扱われるべき問題でもある。
アイルランド			「郵便サービスに関する EU 指令に対応して，郵便事業の，とくに競争的な事業への内部補助に関する透明性を高めるために，郵便事業会計は指定部門と競争部門に，また信書と小包に2000年から分離される予定である」。
イタリア	情報が寄せられていない。		
日本	〃		
韓国	〃		
メキシコ	〃		
オランダ			オランダ郵便事業法により，2000年初頭に会計分離システムが導入された。
ニュージーランド	情報が寄せられていない。		
ノルウェー			郵便公社（Posten）は垂直統合された会社であるが，その競争分野と非競争分野の事業について会計分離が求められている。主要な目的は，ユニバーサル・サービスに対する料金規制を緩和し，内部補助の範囲を削減することにある。会計分離は郵便ネットワークのアクセス料金規制を改善することにもつながるであろう。
ポーランド	情報が寄せられていない。		
ポルトガル	〃		
スペイン	〃		
スウェーデン	〃		
スイス	〃		
トルコ	〃		
英国	〃		
米国	〃		

出典：加盟国から提出された報告書。

付　録

被規制産業の構造分離に関するOECD閣僚理事会勧告

閣僚理事会は，

1960年12月14日のOECD条約，第5b条に留意し，

1997年の閣僚理事会声明における「競争を促進するため，すべての部門において経済規制を改革する」との合意，とくに

(1)　競争可能な分野を，規制された公益事業ネットワークから分離すること，さもなくば，既存事業者の市場支配力を削減するために必要な再編成を行うこと，

(2)　不可欠なネットワーク設備への透明で非差別のアクセスをすべての市場参入者に保証すること，

に留意し，

「被規制産業の構造分離」に関する報告書に留意し，

産業ごと，国ごとの特性の差異，規制改革の手続きの差異，構造的措置・行為的措置等の有効性の認識の差異，およびそうした差異が構造問題を検討する際，重視されるべきことを認識し，

とくにネットワーク産業においては，被規制企業は非競争的な分野とそれを補完する競争的な分野の双方でしばしば事業を行っていることを認識し，

補完的な競争分野において維持可能な競争の程度はさまざまであるが，これらの分野が有効競争を維持できる場合には，費用を抑制し，技術革新を促進し，規制の質を全体的に高めるために，そして究極的には最終ユーザーおよび消費者の利益を増進するための手段としてそのような競争を促進することは望ましいということを認識し，

この点で，被規制企業は，反トラスト政策および規制によるコントロールがない場合には，川上あるいは川下のライバル企業に認められている非競争的分野のサービスへのアクセスを，すなわちその質ないし条件を制限することにより，あるいは，競争分野における新規参入の余地を狭めるべく非競争的分野の事業能力を制限することにより，あるいは，アクセスの提供を遅らせるために規制および法的手続きを用いることにより，競争を制限する能力を有していることを認識し，

産業構造次第では，補完的な競争分野と非競争的な分野の双方で事業を行う被規制企業は，補完的な分野で競争制限的なインセンティブを持つ可能性があることを認識し，

そうした競争制限は，一般的に効率性および消費者を害することを認識し，

被規制企業が持つアクセスを制御するインセンティブおよび／あるいは能力に対処することで，競争を促進し，規制の質を高めるさまざまな政策があることを認識し，また，そうした政策は，構造的政策と呼ばれる（垂直的な所有分離ないし共同所有のような）被規制企業のインセンティブに対処するものと行為的政策と呼ばれる（アクセス規制のような）被規制事業者の接続拒否能力に対処するものとに大きく分かれることを認識し，

行為的政策は，構造的政策とは異なり，被規制企業の競争制限的なインセン

ティブを除去しないことを考慮し，

規制当局の最善の努力にもかかわらず，統合された被規制企業が持つ競争制限的な能力を抑制することを意図した行為的規制は，被規制企業が競争制限的なインセンティブを持たない構造的規制のケースと比べ，競争をそれほど促進しないということを考慮し，

結果として，非競争的な分野における規制の効率性と有効性，アクセスの提供に利用される容量，アクセス合意の数と合意達成の容易さ，および競争的な分野における競争の全体的なレベルは，構造的政策の下でより高まる可能性があることを考慮し，

そのような状況の下では，競争制限を防止し，またそれに対処するために，競争当局は適切な手段を，とくに十分な暫定的手段を講じる能力を有することが一段と必要とされていることを考慮し，

被規制企業における，ある種の（会計分離あるいは機能分離のような）部分的な分離形態は被規制企業の競争制限的なインセンティブを除去できず，それゆえ，アクセス規制のようなある種の政策を支援する上で有益で重要な役割を果たすけれども，一般的には競争の促進という点で構造的政策よりも効果が少ないことを考慮し，

場合によっては，非競争的な分野で事業を行う被規制企業に補完的な競争分野で競争を認めることは，被規制企業が重要な経済的効率を達成できることにつながる，もしくはユニバーサルサービスないしサービスの信頼性において一定のレベルを確保できることにつながるということを認識し，

被規制産業における構造的政策の決定に際しては，競争の効果を評価し，そ

れを統合企業の経済効率と比較するに当たり，しばしば微妙かつ複雑な，注目を浴びるトレードオフ分析が必要とされ，被規制産業からの独立性だけではなく，専門知識，経験および透明性が求められることを認識し，

競争が可能な分野と非競争的な分野との間の境界線は変化しうるものであり，垂直分離の程度を連続的に調整するのは費用がかかり，非効率でもあることを認識し，

Ⅰ　加盟国政府に以下のことを勧告する。

1．非競争的な分野および潜在的に競争が可能な補完的分野において，被規制事業者が現在もしくは将来同時に事業活動を行っているか，行いうる状況にあるとき，加盟国は，行為的措置による費用・便益と構造的措置による費用・便益を真剣に比較衡量すべきである。

比較衡量されるべき費用・便益には，見直しが行われる国の産業の経済的特性を踏まえた競争に及ぼす効果，規制の質および規制の費用に及ぼす効果，構造変革のための移行費用，そして垂直統合の経済的，公共的な利益が含まれる。

比較衡量されるべき費用・便益は，加盟国によって定められた原則に基づくもので，競争当局を含む関連する省庁によって認識されるべきものである。また，この比較衡量は，とくに民営化，自由化，あるいは規制改革といった状況のなかで行われるべきである。

2．本勧告において，

(a)「企業（“firm”）」とは，法人ないし法人グループを含む。法人グループとは，グループ内の法人間における（株式所有のような）連繫の程度が，経済集中を規制する国内法において，それら複数の法人が単一の存

在とみなされるのに十分であるものをいう。

(b) 「被規制企業」(“regulated firm”) とは，民間所有であろうと公的所有であろうと，市場支配力の行使を抑制することを意図した経済的規制に服している企業のことをいう。

(c) 「非競争的な(事業)分野」(“non-competitive activity”) とは，一般的に受け入れられている競争原理に従い定義された経済的市場で，規制ないし市場における需要と供給の基本的な性質の結果，一つの企業が市場において実質的かつ恒久的な市場支配力を有している市場をいう。

(d) 「競争的な(事業)分野」(“competitive activity”) とは，一般的に受け入れられている競争原理に従い定義された経済的市場で，実際の供給者と潜在的な供給者の間の相互作用が一人の供給者の市場支配力を効果的に制限するように働く市場のことをいう。

(e) 「補完的(する)」(“complementary”) とは，相互にその効用を高め合う財(およびサービス)を含むような広い意味で使用される。それゆえ，被規制企業の非競争的な分野を補完する財には，以下のものが含まれる。(1) (川上の)供給者から当該企業が購入する財，(2) 当該企業により(川下の)顧客に販売される財，および (3) 当該企業の非競争的な分野の財と一体に費消される当該企業以外の財で，競争相手がその供給に成功するかどうかが彼らの，あるいは彼らの顧客の非競争的な財へのアクセス能力に依存しているような財のことをいう。

Ⅱ 競争法・政策委員会に以下のことを求める

1．関係する加盟国の要請があったときは，勧告の適用について協議のための場を設けること。

2．この勧告の実行について加盟国の経験を調査すること，および3年以内に，この勧告の適用，勧告のさらなる改善ないし改訂の必要性について，理事会に報告すること。

Ⅲ　勧告に参加し，本勧告を実行することを非加盟国に招請する。

解　　題

はじめに

この20年で，公益事業は，競争の導入により大きく様変わりした。多くの公益事業は，効率性，イノベーション，消費者ニーズへの対応などで改善を見たが，それはとくに競争を導入した分野で目立っている。ネットワーク産業への競争の導入は，規制を緩和・廃止すれば事足りるといったものではない。そのためには，新規産業が独占分野から適正な料金で「不可欠中間投入財」を購入できるよう，公平なネットワーク接続を保証するものでなければならない。だが，規制のないかぎり，たとえ接続義務を課しても，既存企業はそう簡単に非差別，公正なアクセスに応じそうにない。とくに，上流ないし下流の事業分野にライバルが参入し，競争を迫られるおそれがある場合には，そうである。既存企業は，「不可欠中間投入財」の提供に関し，そのタイミングを外したり，その質を劣化させたり，高額な料金を請求することで，競争の抑制を図るのである。

規制当局は，こうした競争制限的な行動を防止しなければならないが，アクセス財を制御しようとする既存企業のインセンティブがきわめて強い場合，それには多くの時間と費用がかかる。それどころか，この規制ゲームはエンドレスになる可能性さえある。そこで，考案されたのが，そうした競争制限的な行為を根本から断ち切ってしまう措置である。これは，被規制企業を独占的な分野と競争的な分野に分離することで達成できる。

もちろん，こうした構造的な措置がつねに最適な政策選択肢であるわけではない。ここには二つの問題がある。一つは，独占的な分野と競争的な分野の構造分離には技術的，経済的な困難が伴うことである。もう一つは，営利性の薄くなった独占的な分野（通常，ネットワークのインフラ部門）に適切な投資インセンティブを与えないと構造分離に成功するとは限らないことである。

とはいえ，多くのネットワーク産業でオープン・ネットワーク政策を担保すべく導入されたアクセス規制，会計分離，ファイヤー・ウォールなどの限界が明らかになるにつれ，それに代わる競争促進策として先進国の間で構造的措置への期待が高まってきている。OECD 競争法・競争政策委員会は，こうした政策思潮の流れを受け，その経済効果を確認すべく構造分離の実証分析に着手することになった。それをアクセス規制と比較検討し，行為的アプローチから構造的アプローチへの重点のシフトを勧告したのが本書なのである。

わが国は，この OECD 勧告をどのように受け止め，どのような構造的な措置を講じなければならないのか。規制改革の現状と公益系ネットワーク産業の実情に照らした検討が必要となるが，その前にまず OECD 競争法・政策委員会の出した「ポリシー・ブリーフ」に基づき勧告の内容とその狙いを確認しておこう。

Ⅰ．OECD 政策ブリーフの概要

1．構造分離はどのような公益事業で問題になるのか？

過去20年，公益事業のうち，競争が維持可能であると見なされた分野に積極的に競争が導入されてきた。例えば，鉄道分野では軌道インフラの供給は独占部門かもしれないが，列車の運行は十分に競争的な分野たりうる。このように理解すると，構造分離の対象となる公益事業は概してネットワーク産業であり，かつ自然独占など何らかの理由でネットワーク部門とオペレーション部門が一社に統合されている産業・企業ということになる。

だが，競争可能な分野に競争を導入するのは，そう容易なことではない。規制緩和を行い，参入障壁を取り除いただけでは，競争は十分には進展しない。

下流で競争的な市場を維持するためには，新規企業に対し「不可欠中間投入財」への非差別・公正なアクセスを保証する必要がある。多くの場合，こうしたアクセスは，垂直統合された企業の上流部門，いわば非競争的な分野によって提供されているが，当該企業が下流でも事業を行っていると，新規企業のアクセス需要に十分に応えないおそれがあるのである。

2．なぜ構造分離が必要なのか？

垂直統合された企業は下流のライバル企業に対し競争制限的なインセンティブを持つが，とりわけ競争制限により下流で収益率の上昇が見込める場合には，そうしたインセンティブは強力に作用する。規制当局は，こうした反競争的な行動を許さず，統合企業に非差別，公平なアクセスを要求することになるが(アクセス規制)，統合企業の側が多くの競争制限的な手法を駆使するのに対し，規制当局の側の対策は限定されており，対応も遅れがちである。米国電力産業にあっては，連邦エネルギー委員会（FERC）が送電系統への公正なアクセス確保に最善の努力を傾けたが，それにもかかわらず，垂直統合型電力会社の独立系発電事業者に対する差別はいっこうに止まなかったのである。

垂直分離には，二つの利点——（ア）ライバル企業を差別するインセンティブを消去するという利点，（イ）規制による監視を軽減し，競争水準を高めるという利点——がある。こうした利点に注目したのが，AT&Tの分離・分割政策である。長年にわたるAT&TによるMCI参入阻止訴訟の後で，司法省反トラスト局はAT&Tと同意審決を結んだが，その結果長距離通信分野において競争が著しく増進した。それから約20年が経つが，米国の長距離通信市場は現在でも世界でもっとも競争が活発な市場の一つである。

ここで考えるべきは，アクセス規制にだけ頼っていては，規制当局は既存企業が「手を変え，品を変え」生み出す競争制限的な行為と絶えず闘い続けなければならないということである。規制当局はある程度反競争的な行為を制限できるが，競争をそれほど促進するものではない。潜在的な参入者は，差別を恐れ，新規の設備投資を躊躇しかねない。

構造分離には，地域分割（＝水平分離）のように，事業者の水平競争を促進し，規制当局が入手するコスト情報をより正確なものにするといった利点もある。

3． 構造分離にはどの程度のコストがかかるのか？

統合された企業の構造分離には，当然費用がかかる。費用は企業組織のリストラに要する一時的な費用にとどまらない。企業は，理由もなく統合戦略を選択しているわけではない。何らかの経済的な利益があるからこそ統合を維持しているのである。統合の利益を列記すると，

・統合は，取引費用を削減する可能性がある。多くの場合，下流の企業が上流の中間投入財を利用する場合，その供給に向けた特殊かつ固有な投資が，またその分野との緊密な調整が必要となるが，こうしたことは単一企業の内部でより容易に実行できる。

・統合は，独占的なサービスのより効率的な利用を可能にする。独占企業が限界費用を上回るかたちで中間投入財の価格を引き上げる場合，下流の企業は別の代替財の購入ないし生産に向かい，非効率な生産を招きかねない。垂直統合は，そうした非効率を克服することができる。

・統合は，効率的な価格差別を許す可能性がある。統合は，独占企業を最終消費者に近づけることで価格差別を一段と洗練させ，全般的に価格体系を効率的にする。

以上，構造分離には便益だけではなく，費用（直接的な費用，統合の利益を失うという間接的費用）が伴う。こうした費用便益分析は，英国のガス産業（ブリティッシュ・ガス）のケースで具体的に試みられている。そこでは垂直分離の費用は相当大きく見積もられたが（10年計画で単年度１億3,000万ポンドと算定された），リストラによる産業および住宅顧客の消費者利益はそれを上回るものであった。最終的には，独占・合併委員会（MMC）の勧告に沿って構造分離が実施された。その結果，同国の天然ガス部門は北米を除き世界でもっとも競争が進んだ市場となっている。

4. 完全構造分離へのオルタナティブはあるのか？

多くの国は，完全構造分離の検討が必要であることを認めながらも，それに見合う効果を達成する代替手段はあると考え，次のようなオルタナティブな措置を追及している。

- 会計分離。すなわち，競争的な事業部門とそうでない事業部門の会計を分離するよう企業に求めること。
- 機能分離ないし運営分離。すなわち，非競争的な分野を明確に区分し，人事・情報面の流れを遮断すること，もしくはその管理・運用を独立の事業体に委ねること。
- 会社分割。すなわち，非競争的な分野を明確に分離された独立会社に委ねること。

だが実際には，こうしたオルタナティブは完全垂直分離に比べそれほど有効ではないことが明らかにされてきている。国際エネルギー機関（IEA）の調査しかり，米国連邦取引委員会の調査しかりである。経験を積めば積むほど，会計分離などの不十分さが明らかになり，より強い構造分離形態が求められるようになったのである。

5. 何を提言しているのか？

OECD 加盟国は，最近になって競争促進の手段として構造分離の重要性を認め，勧告文に合意した（本文，付録を参照)。その序文は，垂直統合された自然独占を改革する場合には，オルタナティブの政策手段を考慮しながらも，完全構造分離の費用／便益を分析すべきであると提言している。以上，政策ブリーフの内容を要約すると，以下の通りである。

- 統合企業が関連する競争分野で「不可欠中間投入財」を提供する場合，当該企業は競争制限的なインセンティブないし能力を持つ。
- こうしたインセンティブないし能力は，当該企業が競争部門では競争できないようにすることで，いわば構造分離を実施することで解消できる。

・だが，構造分離にはかなりのコストがかかる。制度変更にコストを要するだけではなく，垂直統合が持っている利益が消えてしまうというコストもある。
・そこで，会計分離，機能分離などのオルタナティブが追及されてきたが，期待されたほど効果をあげることはなかった。こうしたアプローチの弱点が明らかになるにつれ，より強力な構造分離を求める声が大きくなり，今回の勧告につながった。
・構造分離の必要度は産業によって異なる。空港，郵便といった分野では構造分離が今後強力に推進されるべきである。また，電力，天然ガス，鉄道といった分野においてもさらなる構造分離の余地が残されている。それは，電気通信，放送の分野にもいえる。

6．比較衡量に向けて

以上，「ポリシー・ブリーフ」の概要から明らかなように，OECD は構造分離勧告は指示というより，期待を込めた提言に近い。その背景には，本勧告が，競争法・政策委員会と加盟国政府との緊張関係のなかで成立を見たという事情がある。本勧告は，加盟国政府の一部から有力な異論・反論が提起され，論議を重ねたうえでのぎりぎりの決着点であったと推測される。米国，英国を中心とする構造分離派とフランスを中心とする統合維持派が対立する構図は，私自身も国際コンファレンスなどで経験している。

とはいえ，本勧告は構造分離を有力な競争促進策として国際的に提示した，いわば新しい競争政策の第一歩といってよい。したがって，本書の成立経緯にとらわれることなく，わが国にとって構造分離はどの程度有効か，それを冷静に検討することこそ重要である。

Ⅱ．構造分離 対 アクセス規制

1．垂直統合の利益と不利益

われわれが検討すべき問題は，アクセス規制から構造的な措置へと規制政策の重点をシフトすべきかどうかという問題である。その場合，構造分離の優位性を確認しなければならないが，その立証はかなり骨の折れる作業となる。以下，この問題を２段階に分けて，アプローチして見よう。

A．第一段階：企業・産業組織レベルのアプローチ。

まず，この議論の経済学的な基礎をなす，「企業の経済学」ないし「産業組織論」にいうところの「垂直統合の利益と不利益」によれば，垂直統合の利益はおよそ以下のように要約される。ただし，ここでは，産業・企業の「成長」が前提とされるため，分離より統合の利益に重点が置かれている。

・取引費用の節約。
・範囲の経済性（技術の経済性，未利用資源の経済性）。
・情報の経済性（不確実性，情報の不完全性への対処）。
・投資リスクの回避（サンク・コスト，ホールドアップ問題の回避）。
・独占力と参入障壁。

これらの利益のいずれかが存在しないと統合は起こらない。まず，統合は，取引費用（市場取引の成立に向けた調査・交渉に要する費用，契約の作成およびその履行の監視に要する費用などから成る）を大幅に節約する。市場環境の不確実性が高く，情報が当事者の一方に偏在しているときには取引費用が大きくなるので，そうした産業ではかなり取引費用が節減されるはずである。ついで，統合は，「範囲の経済性：scope of economies」（主に技術の経済性と未利用資源の経済性から発生する生産費用ないし販売費用の節約を指す。範囲の経済性は，業務範囲の拡大による費用の節約を意味する。いま企業が二つの事業に従事すると仮定し，それを qi ($i=1, 2$) で表現すれば，それは $C(q_1, q_2) < C(q_1, 0) + C(0, q_2)$ で表現される）を，また情報の経済性（学習効果の機会の増加や前方統合による顧客情報の入手などを通して企業が獲得する利益を指す）を生み出し，投資リスクの回避（関係特殊的な投資がサンク（埋没）する場合，市場取引の下では企業は投資をためらう傾向にあるが，統合の下ではそうした投資が比較的に容易に行われることを指す）を可能にする。投資が埋没した後に取引相手が取引キャンセルの脅しを使い有利な取引条件を迫ってくるような事態（ホールドアップ問題）は回避されるのである。最後の独占力の強化，参入障壁の引き上げは，個々の企業にとっては垂直統合の一大動機をなすが，産業全体にとっては社会厚生ロスをもたらすおそれのある，いわば競争政策上懸念されるべき問題となる。

これに対し，垂直統合の不利益は，

・生産の最小効率規模（生産技術）を反映しない生産体制，

・異質の経営資源の同一組織内への取り込みによって発生する不経済，

・市場競争圧力の低下による効率化インセンティブの喪失，

などに要約される。

第一の不利益は，生産技術の制約により，生産の最小効率規模が事業によりさまざまであることに関係している。例えば，自動車会社が鉄鋼会社を統合しても，鉄鋼生産量が最小効率規模に達さず，コストは割高になり，配分効率も生産効率も下がる事態が予想される。第二の不利益は，上流ないし下流のロー・テク事業とハイテク事業が統合されるようなケースにおいて頻発する不利益であり，必要な技術，能力，発想が異なることによって発生する経営管理の困難性，企業内の文化衝突，企業アイデンティティの喪失などがその代表的な事例となる。第三の不利益は，市場競争の圧力が低下することで，企業に効率化に向けたインセンティブが働かなくなることを指す。企業規模が大きくなることで，買収ないし倒産の脅威が弱まるため，経営者の努力水準が低下し，従業員にモラル・ハザードが発生することになる。これを防止するには特別の監視が必要となる（モニタリング・コストの発生)。さらに，企業ガバナンス上の問題も発生する。企業組織が巨大化すると，組織内部に非効率（X非効率など）が発生する。また，経営者が勝手に自分たちの効用を追求したり，従業員が昇進などで有利な評価を求める場合には，エージェンシー・コストやインフルーエンス・コストが発生することになる。

この「垂直統合の利益と不利益」を逆転させれば，「垂直分離の利益と不利益」を導出できる。すなわち，垂直分離の利益は，

・生産の最小効率規模に見合った無駄のない生産体制，
・市場競争圧力による経営の効率化インセンティブの向上，
・「企業文化の衝突」などによる不経済の解消，
・独占力の抑制（有効競争の促進）および参入障壁の排除

に，またその不利益は，

・取引費用の発生，
・規模の経済性，とりわけ範囲の経済性の喪失，
・情報の経済性の喪失
・投資リスクの上昇，ホールドアップ問題の発生，

に，要約することができよう。

企業レベルのアプローチでは，こうした利益と不利益を比較衡量した上で企業編成のあり方を決定するというのが，メイン・テーマとなる。一つの企業は，どの範囲まで事業を自社で行い，どこからは他の企業に委ねるのか，いわば「企業の境界」（「内製化率」）をどこに決定するかが，重要なテーマとなるのである。

これに対し，産業組織レベルのアプローチでは，当該産業，もしくは国民経済にとって「企業の境界」はどの範囲で行われるのが望ましいかという視点からこの問題が検討されることになる。企業が垂直統合を望んでいても，寡占・独占力の強化につながる場合には，競争制限につながるという理由で認められないこともある。完全コンテスタブルな市場環境が整備されていれば（極めて低いサンク・コスト，企業技術情報の開示の進展，中古市場の整備，既存企業の戦略対応の遅れなど），そうした統合が認められないこともないが，その条

件は厳しい（仮定の非現実性）。そのため，認可されても必ず条件付きの認可となるであろう。競争制限のおそれのある統合は，産業組織的には望ましくないものとして取り扱われることになる。垂直統合も，それが横の競争に否定的な影響を与え，競争一般を後退させるおそれがある場合には，この例に漏れない。

また，産業組織レベルでは，垂直統合に関連して，市場原理と組織原理をミックスした「中間組織」（企業系列，企業集団）も問題となる。この点に着目すると，「統合か，分離か」という二者択一で統合・分離問題の是非を捉えるのは一面的で，適切ではないということになる。統合ないし分離のあり方は，産業組織のなかのこの中間組織の形態によっても重要な影響を受ける。例えば，構造分離された会社がどのような所有形態（公的所有，民間所有）をとり，どのような形態でリンクされるかは，各国独自の中間組織のあり方によって大きな影響を受ける。完全独立会社ないし完全子会社になるか，持株会社制度を採るか，リンケージのあり方で構造分離の効果は微妙に違ってこよう。いずれにせよ，日本の企業は中間組織志向がかなり強く，このことが構造分離にも影響を及ぼすことが考えられるが，この問題にはこれ以上触れないことにする。

B．第二段階：ネットワーク産業レベルのアプローチ

このレベルで，構造分離の「利益と不利益」を問題にする場合，いくつかの特徴を追加的に考察しなければならない。まず，ネットワーク産業ということで，大きな問題になるのは，規模ないし範囲の経済性を失うことで発生する経済損失の算定である。その大きさは，当該ネットワーク構造の特性により，また構造分離の形態により，異なることになる。ネットワーク産業の全体が自然独占と考えられていた以前の段階と異なり，いまや自然独占性が存在する分野はネットワーク産業のごく一部にとどまり，大方の事業分野は潜在的ないし現実的に競争が可能であることが明らかにされてきている。自然独占性が残る事業分野は，電気通信産業の公衆地域網（加入者回線部分），電力産業の送電・配電網，ガス産業のガス輸送・配給部分，鉄道産業の軌道・シグナリングなど，

特定な分野にすぎなくなっているのである(1)。

構造分離によるネットワーク産業の経済損失は，まずこの自然独占性の度合いにおいて考察されなければならないが，最近の多くの実証分析は，公益系ネットワーク産業の自然独占性の存在に懐疑的であり，その測定値も必ずしもポジティブではない。「規模の経済性：economies of scale」（生産規模を拡大（縮小）させたときに総費用が比例以下的にしか増加（減少）しない性質を指し，$C(\gamma q_1, \gamma q_2) < \gamma C(q_1, q_2)\ \forall \gamma > 1$ で表現される）は「規模弾性：scale elasticity」（「生産要素規模に関する生産物の弾力性」であり，その値が1より大きい場合に規模の経済性が存在することになる）によって測定され，実証では大方のネットワークで確認されているものの，その数値はそう大きくはない。

構造分離を垂直分離に限定すれば，規模というより範囲の経済性の喪失のほうが，より大きな問題となる。これは，統合の利益が範囲の経済性の確保に置かれていたことと裏腹の関係をなす。したがって，当該ネットワーク産業がどの程度範囲の経済性を享受しているかが問題となる。実証分析ではその大きさは費用関数を用いることで算定が可能である（あらかじめ費用関数を計測しておいたうえで，各企業が単一サービスのみを提供する場合の費用額を総計し，それを一企業がすべてのサービスを提供したときの費用額と比較することになる）。だが，こうした計測方法は，情報収集上，計算上，手間がかかる。そのため，範囲の経済性の十分条件に当たる「費用の補完性：cost complementarity」（二種類の製品 q_1, q_2 を生産するときの費用の増分が，三種類の製品 q_1, q_2, q_3 を生産するときの費用の増分よりも大きいことを意味しており，$C(q_1 + q_2) - C(q_1) \geqq C(q_1 + q_2 + q_3) - C(q_1 + q_2)$ で表現される。これは，劣加法性が成立するための十分条件とも同値であり（$\frac{\partial^2 C}{\partial q_1 \partial q_2} \leqq 0$），ある製品の追加生産が他の製品の限界費用を引き下げることを含意している）の計測をもって，それに代えることが多い。ただ，ここでも範囲の経済性の存在を認める実証は少なく，否定する分析が増えてきている。これは，公益系ネットワーク産業の特性――いずれもそう数多くのサービスを提供していない――にも依っていよう。例えば，鉄道を見ても，電力を見ても，そこで企業が提供している本業関連サービスの数はそう多くはないのである。電気通信産業においてすら，一部の実証は市内通信サービスと長距離通信サービスの間に範囲の経済性が働いていないことを証明している。他方，その存在を立証する実証分析もあり，一概にその存在を否定できないが（仮説の立て方に依存している），総じて構造分離により失われる範囲の経済性は予想されるほど大きくないのではなかろうか(2)。

それでは，新たに発生する取引費用についてはどうか。一般に取引費用は，（ア）市場環境や技術動向の不確実性が大きい場合に（契約作成の費用がかさみ，モニタリング・コストが大きくなるため），また（イ）情報が取引当事者の一方に偏在する場合に（情報劣位の当事者は事前調査などで一段と交渉力の強化に努めなければならないため），さらに（ウ）取引の成立そのものが不確実な場合に（不安定な供給ないし品質の不確実性による最終製品に品質のバラツキなど混乱が生じるため），大きくなる。

企業が垂直統合されている場合には，こうした取引費用の大部分は回避可能である。それゆえ，取引費用の発生は構造分離の間接的な費用として計測されなければならない。しかし，

・非競争的な分野が分離されても，アクセス規制の継続により，契約約款の公表義務や中間財の料金規制など一定の制約が課されること，
・オープン・アクセスが法律で保証されており，また代替ないし複数のネットワークが形成されている産業も多く，取引の成立そのものに関わる不確実性は脅威ではなくなっていること，
・IT 化の進展により情報上の優位が薄れつつあり，情報が交渉力の優位につながりにくい状況にあること，

などを考慮すれば，そう大きな取引費用が発生するとは思われない。

未利用資源の経済性についても，構造分離が大きな損失を招くとは到底思われない。そもそも，わが国の公益系ネットワーク産業にあっては，そうした経済性が発生していたのかどうかも疑わしい。現在，多くの公益企業がリストラを計画・実行しているところを見るかぎり，経営資源の有効利用を怠ってきた

というのが，実態ではないのか。だが，情報の経済性については，学習効果 learning by doing を得る機会を奪い，顧客情報，技術情報，営業情報などの開示を促す点で，構造分離は当該企業に職場教育上ないし経営戦略上のマイナス効果をもたらすといってよい。だが他面，構造分離は当該企業以外の者（競争相手，取引相手，規制当局，および消費者）に情報上のメリットをもたらす。従来隠蔽されてきた企業情報が開示され，規制当局に一段と正確な費用情報が伝えられるのは，ほぼまちがいのないところである（情報の非対称性の改善）。情報には公共財的な性格があり，その経済的な価値は産業によって異なる。また，そのスピルオーバー効果にも正（産業にとって）と負（個別企業にとって）の側面があり，その評価はむずかしい。とはいえ，構造分離は当該企業にに対してはある程度の情報上の不利益をもたらすことになるであろう。

最後に，投資リスクの上昇ないしホールドアップ問題が検討されなければならない。構造分離は，従来は円滑になされていた関係特殊な投資を控えさせ，供給力の不足ないし品質の劣化を生むおそれがある。投資を控える理由は，いったん投資がなされると，取引企業から不利な接続を要求されないか，懸念されるためである。だが，この問題は，インフラ分野とサービス分野の好循環（インフラ投資⇔中間投入財への需要の増大⇔最終財需要の拡大）が存在するかぎり，本来発生しない問題である。この点では，そうした問題が発生するか否かは，産業の成長力ないし規制のあり方にかかっているのであって，いわば蓋然性の問題である。これは，投資インセンティブ（高い報酬率，投資税の軽減）の賦与や適正なアクセス料金規制で，ある程度対処が可能である。

ただし，この問題は，わが国の多くの公益系ネットワーク産業にあってはそう大きな問題ではない。多くの産業が過剰投資を抱えており，むしろ投資の抑制はそうした産業では一時的にプラスに働くことさえ考えられるのである。例えば，分割・民営化後のJR東日本の投資戦略（固定償却費用の範囲内での投資）は，政策当局の思惑（東京近郊で今後も十数本の鉄道網を整備するという）とは対立するが，誤っているとは思えない。需要動向，顧客（取引相手ないし消費者）のニーズを見定めない限り，いくらインフラ投資を行っても，経営が立ち行かないことを企業は十分に自覚しているはずである。

以上，構造分離の不利益（費用）を見てきたが，これが構造分離の利益と比較衡量されなければならない。まず，直接的な便益として，競争の利益（市場競争圧力による企業の効率化，独占力の抑制と有効競争の促進など）と組織改革による利益（*X* 非効率の改善，管理コストの節約）を計測しなければならない。競争の利益を，価格の低下ないし生産量の増加が生産者余剰・消費者余剰に及ぼす正の効果において，また組織改革の利益を，現行体制のままでいく場合の企業の現在価値とリストラ計画を行う場合のそれとの差において算定する必要がある。ついで，間接的な便益として，最小効率規模に見合った，無駄のない生産体制の整備がもたらす利益を，また「内部補助」の是正が生み出す利益を推計しなければならない。

構造分離のこうした利益については，（ア）厚生ロスの期待改善値（これは，各産業・企業のデッドウェイト・ロス deadweight loss（死荷重），産業成果勾配指数 industrial performance gradient index などの測定から推計できる），（イ）*X* 非効率の期待改善値（これは，包絡分析法 Data Envelopment Analysis などを用いて推計できる），および（ウ）価格低廉化およびサービス向上による消費者余剰の増分値（これは，消費者厚生分析から推計される）などの測定を通してその近似値に迫ることができよう。

以上，構造分離の費用と便益を見てきた。これらの費用と便益を集計して便益が費用を上回る場合には，構造分離は推進されてしかるべきである。ただし，ここでの費用と便益は，政策プロジェクトが将来にわたるものである以上，現在価値で計算されなければならない。実際，社会資本投資などのプロジェクト評価指標としては，（ア）純現在価値（*NPV*），（イ）費用便益比（*CBR*），（ウ）内部収益率（*IRR*）が用いられている。前二者については，

$$NPV = \sum_{t=1}^{n} \frac{B_t - C_t}{(1+i)^t}, \quad CBR = \frac{\sum_{t=1}^{n} B_t/(1+i)^t}{\sum_{t=1}^{n} C_t/(1+i)^t}$$

で表現され、IRR については，プロジェクトの純現在価値をゼロとする社会的割引率すなわち

$$\sum_{t=1}^{n} \frac{B_t - C_t}{(1+i)^t}$$

で表現される。ただし，B_t，C_tは第t期の社会的便益および費用，iは社会的割引率，nはプロジェクト・ライフを指す。三種類の指標の間には等価関係があるが（$NPV \geqq 0$，$CBR \geqq 1$，$IRR \geqq i$），社会的割引率の設定に不確実性が伴うので，多くの費用便益分析では具体的には内部収益率で投資プロジェクトの採否が決定されている。構造分離のような政策評価については，割引率がストレートに関係しないため，純現在価値ないし費用便益比でその採否の判定がなされるべきであろう。

2．構造規制 対 アクセス規制

こうした比較衡量を前提に，各公益系ネットワーク産業で構造的な措置を採るかどうかを決定しなければならない。構造規制と行為規制は，一方を強化すれば他方を緩和できるという意味では，代替的かつ反比例的な関係にあるが，アクセス規制を継続するかぎり，相互補完的な関係にある。ゆえに，問題は二者択一というより重点の移行にあることを銘記すべきである。

まず，統合企業を前提に構造分離を問題にすれば，その直接的な費用が問題となる。これには，企業のリストラ計画の立案，その実行に伴う費用ばかりでなく，規制当局による構造改革の立案，実行に要する費用，また両者の交渉に要する費用も含まれる。この費用は，構造分離に要する一時的な費用といってよく，行為規制を構造規制に切り替えるには不可欠なコストである。具体的には，企業・産業の事業分野ないし組織の再編に要する費用，人員合理化・再配置に伴う費用（退職金，企業年金などを含む），法制度改革に要する行政費用，新たな摩擦の発生による追加行政コストなどが，これを構成する。この費用の規模は，構造分離の形態，規模によって異なるが，概算はできよう。

ついで，構造分離が実施された場合に予想される規制上の不利益（事業者・消費者から寄せられる新たな苦情の処理，規制当局と企業の間で生じるトラブル，競争政策の推進に要するコストなど）が，構造分離に伴う間接的な費用として算入されなければならない。

これに対し，比較されるべき利益は，構造分離に伴う規制の削減・不要化，それがもたらす規制コストの軽減・節約である。直接的に節減されるのは，行政コスト（規制当局の規制活動に要するコスト，監視コスト，および行政機関の維持・運営に要するコスト）であるが，産業・企業側の規制適合化に要するコストも軽減されるのであって，それが間接的な利益として，規制上の利益に含められなければならない(3)。

構造分離が，急増しているアクセス問題の処理コスト（斡旋，調停，および訴訟コスト）を削減し，規制政策の必要性を減じるかぎり，そのアクセス規制に対する優位は揺るがないであろう。もっとも，現行のアクセス規制を改良することで競争の促進が可能ならば，わざわざリスクを冒して構造分離を追及する必要はない。OECD 諸国も，1990年代にオープン・アクセス政策を採用した時には，非競争的な分野の不可欠設備（essential facility）に対する非差別，公正なアクセスの提供を義務づけ，アクセス規制に依拠して競争の導入を進めてきた。いわば自然独占企業の組織構造，業務構造に介入しなくても，アクセス料金規制（長期増分費用方式など）を整備すれば競争を促進できると期待していたのである。しかし，その失敗が多くの事例で明らかにされている以上，画期的なスキームでも開発されないかぎり，競争の促進をこうしたアプローチに頼ることには限界がある。政策の舵取りを構造分離に向け大きく変えるしかないのである。

規制コストの問題は，構造分離の利益と不利益の比較において，構造分離の優位を決定づけているように思える。より簡易な計測方法で構造分離の利益を確認できれば，詳細な費用対効果の項目別かつ全体的な突き合せをしなくても，構造分離政策を推進してもよいのではなかろうか。

3． 費用便益分析に向けて

A． 補償原理

構造分離の利益をより簡易に計測する方法として，社会厚生関数を使用した経済厚生分析がある。ここでは，社会の目的は消費者効用の増進に置かれ（消費者主権の立場），政府，企業などの行動は最終的には消費者の利益に資するものでなくてはならないとされる。それゆえ，複数消費者の効用の変化を何らかの仕方で集計したもので社会全体の満足度ないし経済厚生が表現されることになるが，そうした経済厚生の指標とされるのが社会厚生関数なのである。社会厚生関数 W は，消費者の効用ベクトル $u=(u^1, \cdots, u^n)$ の関数であると考えられ， $W(u^1, \cdots, u^n)$ で表現される。この社会厚生関数は，通常，（ア）厚生主義（経済厚生は消費者効用にのみ依存する），（イ）パレート原理（他の全員の効用が一定で，任意の消費者の効用が増加する場合，経済厚生は増加する），（ウ）準凹関数（一方の消費者 i の効用は他方の消費者 j の効用とトレードオフの関係にあり，公平への弱い価値判断を内包している），という三つの条件を満たす関数として想定される。

だが，こうした社会厚生関数にも，ベンサム型，ロールズ型，バーグマン＝サミュエルソン型と称される，分析者の価値判断に応じた多様なタイプがある。したがって，いかなるタイプの関数を用いるかが，きわめて重要な問題となる。ここで経済厚生の基準について社会的合意が形成されないと，政策を社会的に一致した基準で選択・評価できなくなる。もしアローがいうように，人々が社会に関して多様な価値判断を持っているときには民主的な意思決定過程を通して人々が一つの社会的厚生関数に合意するのは不可能だということになれば（「社会的選択に関する一般不可能性定理」），政府は自らの価値判断を明確に表示したうえで社会厚生関数を選択するか，それ以外の選択肢を探索せざるをえない。ここで，社会厚生関数のオルタナティブとして開発されたのが，補償原理によるアプローチである。そのメリットは，社会厚生関数に依存しないで経済厚生を評価できる点に，またパレート効率性が成立しないような状況でもその分析手法は有効である点にある。

カルドア，ヒックスによって開発されたこの原理は，ある政策が遂行され，「得をする人 winner」と「損をする人 loser」が出ても，仮に前者から後者への所得の再移転が行われ，後者の効用を以前の水準に戻すことができ，かつ前者の効用は依然として元よりも高い場合には，そのような政策は受容されてしかるべきだと考える。この原理は，各消費者に元の効用を保証できる，そうした再配分が可能なすべての総消費ベクトルの集合，いわゆるシトフスキー集合 S を用いて表現できる(4)。

$$S(u) = \{x : \sum_{h=1}^{H} x^h \leqq x,\quad f^h(x^h) \geqq u^h,\quad h = 1, \cdots, \mathrm{H}\}$$

この集合の下方境界面が社会的無差別曲線（面）を画すると考えるのである。

いま，政策以前の状態を上添え文字 0 で，政策以後の状態を 1 で表わすと，この変化は，$Y^0 \rightarrow Y^1$（生産可能性集合の変化），$x^0 \rightarrow x^1$，$u^0 \rightarrow u^1$ で表現される。ここで，$x^1 \in S(u^0)$，すなわち政策以後の総消費ベクトルを適当に各消費者に分配して u^0 以上の効用を与えることができれば，この政策はカルドア強原理（Kaldor strong compensation principle: KSCP）を満たすことになる。また，$Y^1 \cap S(u^0) \neq \phi$，すなわち，政策以後の生産可能性集合の中に各消費者に u^0 以上の効用を与えるような総消費ベクトルが部分集合として存在する場合，この政策はカルドア弱原理（KWCP）を満たすことになる。これに対して，$x^0 \not\in S(u^1)$，すなわち政策以前の総消費ベクトルをどのように配分しても u^1 以上の効用を与えることができないとき，この政策はヒックス強原理（Hicks strong compensation principle: HSCP）を満たすことになる。また，$Y^0 \cap S(u^1) = \phi$，すなわち政策以前の生産可能性集合の中に各消費者に u^1 以上の効用を保証する総消費ベクトルが存在しないとき，この政策はカルドア弱原理（KWCP）を満たすという。

これら 4 種類の原理の間には一定の論理的な関係があることが解明されているが(5)，問題は，政策以後の状態が補償原理を満たすということと，元の状態が同一の補償原理を満たさないということとが必ずしも同値ではない点にある。政策以前の状態も，政策以後の状態も，カルドア強原理ないしヒックス強原理を満たす事態が起こりうるのである（シトフスキーのパラドックス）。これを解決するため，シトフスキーは二重基準（カルドア原理とヒックス原理の両方が満たされるときにのみ，政策は容認される）を提唱し，サミュエルソンは推移律を満たす効用配分という概念（サミュエルソンは，x^0の任意の分配によって生じる効用配分$\hat{u}^0$に対して，$x^1 \ni S(\hat{u}^0)$になるとき，そしてその時にのみ，ある政策は補償原理を満たすと考えた。ここでは，xの適当な分配によって生まれるパレート効率的な効用配分の集合が効用可能性曲線となるため，x^0に対する効用可能性曲線はx^1に対するそれと交差しない）を生み出した。しかし，シトフスキーの二重基準は推移律を満たさず，サミュエルソンの補償原理は適用範囲が狭く，データの大部分が観察不可能であるという限界を持っていた。そこで，登場したのが，ブルース・ハリスの局所補償原理（Local compensation principle: LCP）である。これは，政策が局所的なものであるかぎり，シトフスキーのパラドクスは発生しないということに立脚し，二つの条件（ⓘ局所的な政策導入の下で，生産者はある生産者価格と生産量において競争均衡に入る，ⓘⓘこの総生産量を消費者に適当に分配すればパレート改善ができ，消費者は政策後の消費者価格の下で均衡に入る）さえ満たせば，政策はこの補償原理によって正当化されることを明らかにした。だが，局所補償原理には，政策の効果が局所に限定されるという限界がある。

したがって，公平に最大限配慮しつつ，社会的な合意形成がむずかしい社会厚生関数を明示的に選択するか，局所的補償原理に依拠するかが，最後の重要な問題となるのである。

B．アレー余剰

市場経済を通して現われる政策効果の算定方法を，もっと具体的に検討しよう。ここでは，政策評価を行うために，データに基づき経済効果を計算する方法が問題となる。このためのもっとも一般的な方法は，政策パラメーターを変化させたときに起こる，経済の一般均衡の数値変化を計算する，いわゆる応用一般均衡分析（Applied General Equilibrium Analysis: AGE 分析）である。だが，このアプローチにあっては，たとえゴーガン型の代表的消費者の効用関数を仮定しても(6)，政策前後の効用ベクトルに関し，大量の情報が必要となる。政策以後の効用関数について，数年経たないと入手できない市場価格，所得などの基礎データが分析に欠かせないのである。また，効用関数や生産関数に一定の関数型（コブ＝ダグラス型，トランスログ型）が必要とされるが，実証に裏づけられた，計算が簡単な関数型の選択はかなり困難である。したがって，構造分離のような政策評価にはAGE分析は不適当である。

構造分離の分析には，局所補償原理に基づくアプローチのほうが容易であり，かつ有効である。それは，経済全体の情報を要求せず，観察可能な価格，数量を基礎に，近似的に経済厚生の変化を測定できる。だが，代表的消費者の仮定が成立しないと，その効用関数値，またそれを表示する厚生指標（補償変分，等価変分）は厚生判定の正確な基準とはならない。そこで開発されたのが，補償原理と同値の関係に立つ経済厚生指標，すなわちアレーの余剰概念である。

N個の財のなかで最初の財をニュメレール財とすると，アレー余剰は，政策以後の総生産可能性集合Y^1と政策以前のシトフスキー集合$S(u^0)$の差，$Q = Y^1 - S(u^0)$の中で最大生産可能なニュメレール財の量で示される。アレー余剰とは，すべての消費者に政策以前の効用を保証しつつ，政策以後の技術によって最大生産可能な，ニュメレール財の量なのである。このアレー余剰は局所準補償原理との間に整合的な関係があり(7)，その値がプラスであることと政策がカルドア弱補償原理を満たすこととが同値であるため，きわめて重要な意義を持つ。その値の局所的な変化を計測するのは，AGE分析に比べ，技術的にはるかに簡単なのである。

これ以外にも，政策以前と政策以後の消費者価格ベクトルと総消費量（＝総生産量）ベクトルの組(p^0, x^0)，(p^1, x^1)を基礎データとする指数（マーシャル＝ヒックス余剰，国民所得）を用いた厚生分析もあるが，事後均衡について何らかの情報が必要となる点で，政策評価を事前に行わなければならない構造分離問題には不向きである。比較静学に基づく局所的近似の手法は，経済厚生の局所的変化値をもって大域的な変化値の近似と考える点で誤差を伴うものの，事前情報，しかも局所的な情報に基づき政策評価を行える点で，また近似値の計算も容易である点で，大きなメリットを有している。

その簡単なモデルを，常木淳氏の研究に準拠して，簡単に紹介しておこう。

まず，H 人の消費者と一つの代表的な企業が存在し，前者は，おのおの純消費量ベクトル $x^h \equiv (x_1^h, \cdots, x_N^h)$ に関して，上述した連続的，準凹，単調増加的な効用関数 $f^h(x^h)$ を有しており，後者は閉凸の集計的な生産可能性集合 Y のもとで利潤を極大化する，集計的な純生産量ベクトル $y \equiv (y_1, \cdots, y_n)$ を選択していると仮定する。ついで，政策以前の均衡状態では消費者と生産者はいずれもプライス・テーカーとして行動しているが（完全競争市場），生産者価格と消費者価格は乖離しており，パレート効率性が達成されていない次善の状況にあると仮定する。さらに，財 1 をニュメレール財として選択し（$p_1=1$ で基準化），第 2 ～ N 財の生産者価格ベクトルを p，消費者価格ベクトルを，市場における価格の歪み（ベクトル t：例えば，物品税）を考慮して，$p+t$ で表現する。

すると，政策以前の各消費者の効用ベクトルは $u^0 \equiv (u_1^0, \cdots, u_H^0)$，消費者価格体系は（$1, \mathrm{p}+\mathrm{t}$）となり，各消費者の純支出額は，支出関数 $m^{\mathrm{h}}(1, p+t, u_h^0)$，$h=1, \cdots, H$ で表現されることになる。各消費者の総支出額は，その純所得額によって制約されるため，

$$m^h(1, p+t, u_h^0) = g^h + \theta^h \pi(1, p), \quad h = 1, \cdots, \mathrm{H} \qquad (1)$$

が成立しなければならない。ただし，ここで g^h は政府から各消費者への所得移転額，$\pi(1, p)$ は代表的企業の生産者価格（$1, P$）での利潤額を表わす利潤関数であり，θ^h は消費者 h によるこの企業の持分比である。

このモデルにあっては，N 個の財について需給均衡が成立しなければならないが，需要の側は，上の支出関数をもとにシェパードのレンマ（補題）を用いて，また供給の側は上の利潤関数をもとにホテリングのレンマ（補題）を用いて，以下のように記述できる[(8)]。∇（ナブラ）で勾配ベクトル（gradient vector）を表わすと，(1)をニュメレール財に関して微分すると，

$$A + \sum_{h=1}^{H} \nabla_{p_1} m^{\mathrm{h}}(1, p+t, u_h^0) = \nabla_{p_1} \pi(1, p) + \mathrm{y}_1^G \qquad (2)$$

また，それ以外の財に関して微分すると，

$$\sum_{h=1}^{H} \nabla_p m^h (1, p+t, u_h^0) = \nabla_p \pi (1, p) + y^G \tag{3}$$

という需給均衡条件を得ることになる。ここでAはアレー余剰値であり，政策以前にあってはゼロである。また，(y_1^G, y^G)は，政府が政策プロジェクトとして導入する純生産量ベクトルであり，これも政策以前にあってはすべてゼロである。この需給の一般均衡条件は，ワルラス法則によって，政府予算制約式，

$$A + \sum_{h=1}^{H} g^h = (y_1^G + py^G) + t\sum_{h=1}^{H} \nabla_p m^h (1, p+t, u_h^0) \tag{4}$$

を含意するものでなくてはならない。政府の収支均衡は，政府事業（政策プロジェクトが生み出す純生産量）と物品税による収入の和（右辺）が，政府から消費者への移転支出と政府に手元に残る税収の和（左辺）に等しくなるとき，実現されるからである。

体系(1)から(3)は，$H+N$個の独立な方程式から成っている。事前の均衡では，効用ベクトルu，相対価格ベクトルp，および移転支出g^h $(h=1, \cdots, H)$のうちのそれぞれ一つが内生変数となって，上記の体系が決定されることになる。したがって，税制tや政府の政策プロジェクト$(y_1^G,\ y^G)$を導入したとき一般均衡体系にどのような効果が生まれるかが，事前均衡との比較で分析可能となる。そしてここで，政府は，物品税体系の変化や政策プロジェクトの導入によって生ずる効用ベクトルの変化に対して，移転支出の自由な操作を通して各消費者に元の状態と同一の効用水準u_h^0を補償できると仮定する。すると，Aの変化値が正であることは，政策が局所準補償原理を満たすことと同値になる。これを認めると，政策変数(t, y_1^G, y^G)が変化したとき，効用水準は一定のまま，g^h，A，pが体系(1)～(3)を満たすように内生的に変化することになる。加えて，g^h $(h=1, \cdots, H)$の動きに関心がない場合には，(1)式をg^hの定義式と見なすことでこれを除き，(2)式と(3)式だけでA，pの動きをトレースできる。ここで(2)式の代わりに，(4)式に(1)式を代入して得られる，

$$A+\sum_{h=1}^{H} m^h(1,p+t,u_h^0)-\pi(1,p)$$
$$=t\sum_{h=1}^{H}\nabla_p m^h(1,p+t,u_h^0)+(y_1^G+py^G) \quad (5)$$

を用いると，(3)式と(5)式が，A，p を内生的に決定できることになる。

いま，物品税が変化するケースを考えると，その厚生効果 dA は(5)式と(3)式を全微分することで導き出すことができる。ここで集計された供給関数と補償需要関数の事前均衡点における弾力性値（S_{pp}^0, Σ_{pp}^0）が計測可能であれば，厚生効果は，事後均衡点の情報に依拠しなくても，計測できるのである。なお，Σ_{pp}^0 は支出関数の二次微分 $\sum_{h=1}^{H}\{\partial^2 m^h(1,p+t,u_h^0)/\partial p_i\partial p_j\}$, $i, j=2,\cdots,N$ を事前均衡点で評価した値を i 要素，j 要素とする（$N-1$）×（$N-1$）個のヘッシアン行列であり，支出関数の P に関する凹性から対称的な準負定値行列となる。同様に，S_{pp}^0 は $\pi(1,p)$ の二次微分 $\partial^2\pi(1,p)/\partial p_i\partial p_j$, $i, j=2,\cdots,N$ を事前均衡点で評価した値を i 要素，j 要素とする（$N-1$）×（$N-1$）個のヘッシアン行列であり，利潤関数の p に関する凸性から対称的な準正定値行列となる。

構造分離政策の定量分析に局所的な補償原理を適用すべきであると考えるもう一つの理由は，それが不完全市場にも拡張できる点にある。公益系ネットワーク産業では，生産技術の非凸性やさまざまな政府規制により，完全競争は存在していない。だが，上のモデルを修正すれば，こうした産業分野にあっても厚生分析は可能なのである(9)。

C．成長会計モデル分析

以上，事後均衡点の情報に依拠しないやり方で構造分離問題にアプローチできることを明らかにしてきたが，事前均衡点の情報にのみ依拠した局所的な近似手法は，政策が非連続かつ顕著な経済効果をもたらす場合には，過ちを生む可能性がある。

したがって，事後確認を簡単に行える分析手法，手続きを定めておくべきであろう。この点で重視されるべき手法が，成長会計分析を用いた，産業別全要素生産性 TFP の時系列推移の分析である。それを要因分析することで，構造分離の政策効果を確認することができる。例えば，生産関数（トランスログ型の集計関数）に，資本，労働，エネルギー，原材料の四つの要素を投入した KLEM モデルを用い，成長会計式を作成すれば，

$$dlnY/dt = S_L dlnL/dt + S_K dlnK/dt + S_E dlnE/dt + S_M dlnM/dt + dlnTFP/dt,$$

（ただし，S はそれぞれ要素所得の分配率）

となる。この成長会計式に必要なデータを入力すれば，全要素生産性の数値の推移を捉えることができる。したがって，それを要因分解すれば（偏微分），構造改革の付加価値増加率に占める貢献度を一定の精度で測定できるはずである。ただし，こうした要因分析は，あくまでも過去のデータに依存した，政策効果の事後的な説明を行うというにすぎない。

とはいえ，電気通信産業，電力産業など他の産業ないし国民経済全体に大きな影響を及ぼすネットワーク産業の構造分離については，もっと慎重な比較衡量が必要との声もあがるかもしれない。その場合には，OECD への報告期限である2004年を目途に早急に構造分離計画の青写真を幾通りか作成し，その内容に沿った精度の高い費用便益分析のモデルを作成し，予測値に基づく計測を行い，政策決定の礎にすべきである。

Ⅲ．わが国における最適構造分離の検討

わが国の規制改革は，いまだ構造分離の前段階，すなわち会計分離，ファイヤーウォールがようやく整えられつつある段階にあるにすぎない。したがって，ここで取り上げられている公益系ネットワーク産業のほとんどの分野で，わが国は構造分離を検討しなければならないことになる。それでは，どのような構造分離に着手しなければならないのか，産業別に検討してみよう。

構造分離はたんに当該産業にとって大きな意味を有するだけではなく，国民

経済にも多大な影響を及ぼすと考えられる。そうした視点から見た場合，構造分離がもっとも重要な課題となる産業は，対 GDP 比で見ても，対 CPI 比で見ても，電力産業と電気通信産業ということになる。したがって，ここでは，構造分離の対象となる産業を電力，電気通信，その他の公益事業に分け，順次その是非，方法を検討することにする。

1．電力産業の構造改革

わが国の電力改革は発電部門と小売り供給部門の部分的な自由化により開始され，現在，小売り供給部門の部分自由化の範囲拡大と託送ルールの改善，小売り部門における電力取引の適正化（電力市場の開設）が主要な改革テーマになっている。だが，10の地域独占の維持がいまだ前提とされており，構造分離が本格的に論じられる段階には入っていない。

とはいえ，部分的な自由化だけでも，業務用の電気料金の低廉化に相当の効果があった（9.22％の料金低下）。この一事をとっても，政策目標の一つである料金の低廉化（国際水準並み料金）を実現するには，一層の自由化が必要であることがわかる。発電市場を見るかぎり，まだ特定規模電気事業者の参入は9社にすぎず（平成14年3月現在），その販売電力量シェアは0.5％にすぎない。産業用電気料金は0.18％しか下がっておらず，住宅用にいたっては燃料費自働調整制度による小幅な料金変動以外ほとんど低廉化は実現されていないのである。

このことは，ヤードスティック査定の効果がそれほど期待できない以上（平成8，10年度に0.65％，0.11％の減額査定），もはや地域独占を前提にした改革では（わが国では現在，プライスキャップ規制の導入，入札制度における購入量の拡大，会計分離，機能分離・ファイヤーウォール，託送ルールの改善などが課題にされているが，これは世界の規制改革のテンポから見て相当遅れている），これ以上の成果は望めそうもないことを意味している[(10)]。

本書も指摘しているように，発電部門，小売り供給部門で自由化を推進するには，送電・配電網の開放（オープン・アクセス）が前提とならざるをえない。

それがアクセス規制（託送料金，アクセス条件）で実行可能ならば，地域独占の維持も問題にはならないが，アクセス規制の困難性が多くの国で指摘されている以上（市場力の濫用，競争の妨害，悪しき差別化：多発する係争・訴訟問題），構造分離を考慮せざるをえまい。

構造分離には，二通り考えられる。一つは発・送・配電の「完全所有分離」（英国型）であり，もう一つは送電系統の管理・運用を独立系統運用者に委ねる「運営分離」（米国，北欧型）である。わが国の電力産業が民間企業であることを考えれば，当面の分離政策は「運営分離」に絞られよう。ところが，運営分離には，電力会社をはじめとし，反対論ないし慎重論が数多く出されている。そうした議論を整理すると，三つのパターン――（ア）電力の特性（「即時財」）から，「安定供給」上，分離は無理であるとするもの，（イ）カリフォルニア ISO など，一部の失敗例を採り上げ，運営分離に反対するもの，（ウ）わが国の送電系統の周波数的な特性（東日本50ヘルツ，西日本60ヘルツ），立地の制約，および送電設備の特性などを指摘し，運営分離に懸念を表明するもの――に分けることができる。

（ア）は「（地域統合を維持する）ためにする」議論である。構造分離といっても，現在各電力会社が中央給電指令所（ディスパッチ）ないし需給監視センターで行っている需給コントロールがなくなるわけではない。その事業を既存電力会社から分離し，独立の管理・運用主体に運営させるだけであって，プール市場が開設される場合には，かえって給電計画は，ベース・ロード電源を含め，効率的になるはずである（生産性の高い電源から順に調達するメリット・オーダーの確立）。また，（イ）については，その原因が構造分離それ自体というより，規制政策，環境規制，ISO およびプール市場の制度設計，（ガス市場などの）外的要因などが複雑に絡み合った「合成された失敗」にあったことが解明されており，むしろその教訓を踏まえた上で(11)，成功例（英国，北欧ノード，米国の PJM）から積極的に学ぶべきである。

（ウ）の主張に従えば，送電系統を分離し，全国「一網」の系統を整備するとなると，周波数の違いがあり，「大規模な投資」が必要となる。だが，電力インフラの建設に対しては現在でも反対運動が多く，進展をみないプロジェクトも多い。それを考慮すれば，分離は「非現実的」である，ということになる。これは，構造分離に要する一時的なコストにかかわる問題だが，実はそれほど大きな問題ではない。列島を一挙に一つの系統でカバーする必要はなく，PJMのように「地域」で考えてもなんら支障はないのである（例えば，東西で分ける）。ISOの設立は中央給電指令所の統合（コンピュータ連結）と「連結点」の整備によって可能となろう。立地についても，新規参入者が，わざわざ送電網の整備されていない地域に発電設備を新規に建設することなどありえない。独立系の特定電気事業者は，系統を利用しなければ電力を販売できないのであり，既存電力会社との競争でわざわざ価格を高騰させるような立地（託送料金の上昇）を選択するはずはないのである。さらに，欧米のメッシュ型に対して日本の送電線は縦長の国土の特徴を反映して串刺し型になっており，電力プールが創設されても，一方通行型の送電体制のため，電気が国中を駆け巡ることはない。それゆえ，ISOや電力プールを創設してもあまり意味がないとの見解もある。だが，問題はISOの役割——非差別，公正な託送条件の確保と託送料金の低廉化——にあるのであって，串刺し型云々は二義的な問題でしかない（かえってループ・フローという厄介な問題を回避できるメリットがあるし，メッシュ型が必要ということであれば徐々に切り替えてもよい）。また，プール市場の創設の意義も，その規模（全国市場であるか否か）にあるのではなく，その機能（効率的な価格設定）にあるのである。

電力産業の構造分離をどう考えるかは，将来のわが国の電力システムをどう構想するかに深くかかわっている。地域独占に代わる，自然エネルギーを活用した地域分散・自立型の電力システム（高圧送電系統の大都市・工業地帯への集中）の構築こそ，望ましいのではなかろうか。

2．電気通信産業の構造分離

電気通信分野は，技術・市場環境の変化が激しい産業であるだけに，どのような構造分離が適切なのか，慎重に検討する必要がある。3年前に出された

OECDによる対日規制改革審査は，NTTの分離・分割を次のように「評価」していた。持株会社方式での分離・分割は，グループ内の競争を制限し，設備ベースの競争を促進しない。したがって，競争を促進するには，持株会社制度の解体・再編を含め，資本関係の解消など制度を抜本的に改正する必要がある(資本分離)，と。こうして，NTTドコモ，NTTコムに対し持株会社の出資比率の引き下げが求められることになったが，NTTグループはグループ経営のメリット（経営資源の重複投資の回避，その有効利用，共同のR&Dなど）を挙げて，この資本分離案に反対した。

NTTの構造問題は，現在，卸部門と小売り部門の分離というかたちで提起されているが，これに関しても，NTTとNCCの意見が真っ向から対立している。NTT側は，(1)サービスの高度化とネットワークの高度化は表裏一体であり，卸・小売りを分離した場合，卸会社にはネットワーク高度化に向けた投資インセンティブが働かず，サービスの高度化に支障をきたす，(2)多大な分割損を発生させ，料金の低廉化を不可能にする，(3)卸事業（設備管理事業）は公団的な経営に逆戻りするといった理由を挙げて，構造分離に反対している。これに対し，NCC側は，(1)不可欠設備の独占が解消されないかぎり公正な競争は進展しない，(2)独占分野でグループ内の競争を回避し，独占力を保持している，(3)公正な競争が維持されておらず，問題が頻発している（マイラインの登録営業における反競争的行為の蔓延——NTT東西とNTTコムの共同営業など——，遵守されていないファイヤー・ウォール，DSLや光ファイバーの設置手続き，費用などにおける事業者差別など）ことを指摘し，卸・小売りの構造分離をNTTの業務範囲の拡大（インターネット分野などへの進出）の条件にすべきであると主張している。

規制当局は，「構造的競争政策」(資本分離型競争政策，構造分離型競争政策）として，これを検討し，構造分離のメリット（公正なアクセスの確保，卸・小売りを同時に行うことによる利益相反の解消)・デメリット（合意形成の困難，インフラ投資のインセンティブの後退）を挙げ，「有効競争レビュー」で競争状況をフォローし，2年経っても競争の増進が認められなければ，次の「第二ステージ」で改めて構造問題を本格的に検討するとの政策スタンスを採っている。

私見を述べれば，企業価値（株主利益）の最大化を前面に押し出したNTTによるグループ経営の擁護論は，説得力がなく（本書のBGの事例に示されているように，かえって脱グループ化・自立化を進めたほうが，個々の企業価値は増大し，結果として全体としての企業価値も増大するのではないか），構造分離への反対理由も説得的ではない。サービスの高度化とネットワークの高度化は相互促進的な関係にあり，サービスの高度化に応じたインフラ整備はインフラ会社の最低限の存続条件となるのではないか。また，ブロードバンドを適正に整備するためにも，サービス需要に応じて投資を行うほうが，過度ないし過小な投資に陥らずにすむのではなかろうか。さらに，たしかに分割損の発生はあるが，これは構造分離の一時的なコストであり，その固有のデメリット（コスト）ではない。最後の，投資インセンティブがなくなるという問題は，（公団化し，経営のセンシビリティがなくなるといった論点と並び）ネットワーク・インフラの分離を議論するとき，つねに提起される反対理由であるが（送電系統の分離・独立問題を想起せよ），営利性の容認，投資インセンティブの賦与などによって解決できる問題である。この産業分野は，インフラ需要が旺盛な成長産業であり，分離されたインフラ・卸部門にも大いなる成長とビジネス発展の機会があるのである。

だが，ここ数年で，この分野の構造分離問題は，もっと進んでしまった。公衆網はIP電話が普及しても，「最後の１マイル」としてボトルネックをなすであろうが，IP電話とインターネット通信の共存期間は，続いたとしてもあと約10年といわれている。したがって，本書で提起されているブロードバンドと従来のナロウバンドとの分離が，今後大きな問題となる可能性がある。この問題は，支配的な事業者の交替を含め，従来の電気通信を一変させてしまうほどの大きな問題であり，固定系と移動系の構造分離問題などと同列に扱うべき問題ではない。わが国でも，光ファイバー投資でNTTに匹敵する新たな垂直統合型事業者が異業種（電力系）から参入し，設備ベースの競争を本格化しつつある。もうしばらく，競争の推移を見守るべきであろう。

3．他の公益事業の構造分離

A．空港の構造分離問題

この産業で，まず問題となるのは，混雑空港（成田，羽田など）におけるスロット（発着枠）の配分である。すでに欧米では独立機関であるスロット調整機関（調整者）がスロットを調整・配分しているが，わが国ではいまだ国土交通省（航空局）が，国内線に関しては航空会社，学識経験者の意見を聞きながら（「スロット調整懇談会」），国際線に関しては日本航空と協議しながら（IATAのルールに則り），スロットの割当てを行っている。規制のルール化，透明化，アカウンタビリティの徹底といった点で，スロット調整機関の早期の設置が望まれる。国内で新規参入を促すためにも，また外国の政府，航空事業者からの苦情を避けるためにも，最低限，スロット調整の独立機関化は避けられないところである。その際，どのように独立機関を構成するかが問題になるが，とりあえず独立機関化の方向を明示することが重要である。

ついで，国際空港（成田，関西，将来的には羽田，中部）のターミナル間に競争を導入すべきであろう。これは空港が単一の事業主体（公団，特殊会社）の所有の下に置かれていても，フランチャイズ入札などによって実現可能である。さらに，混雑空港における地上業務と他のターミナル業務との分離，地上業務の複数の会社への分割（少なくても二社）も検討に値する。わが国の空港利用料金は国際水準で見てきわめて高い。欧州航空協会の調査結果を待つまでもなく（地上業務で競争が進んでいない空港ほど，また駐機場の取扱いが独占的である空港ほど空港の利用料〔対利用客〕，使用料〔対航空会社〕が高い），これを是正するには，ターミナル業務や地上業務への競争の導入が欠かせないのであって，地上業務とターミナル業務を分離することが，そのための第一歩となろう。

最後に，空港の民営化が問題となる。運輸・交通政策の失敗（行き過ぎた

「ユニバーサル・サービス」）に触れるつもりはないが，空港民営化案は時機遅れの感じを受ける。採算の採れない空港をこれだけ建設してしまったうえでの民営化は，政府と官僚の責任逃れと見えなくもない。だが，現時点でもメリットがないわけではない。少なくとも，それは採算の見込みのない空港投資を抑制し，空港間の競争を促進することになろう。とはいえ，地方空港の財務状況，収益状況から見て，その大半は民営化が不可能な状態にある。したがって，民営化が問題になる空港は，3大国際空港（成田，関西，中部）と一部の地方（国際）空港にとどまろう(12)。

B．　ガス産業の構造分離問題

わが国のガス産業は，生産部門（井戸元）をもたず，独特の発展をたどってきたことから，欧米の構造改革が手本となるわけではないが，その経験から学ぶことはできる。わが国の場合，参考になるのは構造分離を徹底的に追及したブリティッシュ・ガスの事例であるが，本書が詳細に取り上げているので，ここでは米国の事例を検討する。

米国は，ガス料金の州際間格差などの問題を解決するため，ガス産業の規制緩和に踏み切ったが，その過程で生産者とパイプライン事業者との間で紛争が頻発した。それを解決するために，連邦エネルギー規制委員会（FERC）はオーダー436（1985年），オーダー500（1987年）を発行し，パイプラインの開放を促した。すなわち，（ア）ガス輸送に直接取引を促すと同時に「公共運送」的な性格（商業機能の放棄）を賦与し，（イ）パイプライン・サービスのアンバンドル化を促進し，（ウ）輸送量に見合う形でパイプライン事業者にT/P（take-or-pay）債務を免除し，（エ）価格形成原理の変更（平均費用原理→増分費用原理）と費用配賦基準（完全配賦主義）の変更を促したのである。T/P債務を免除することで，T/P債務の対象となるガス量の「純粋な」公共輸送化を促し，パイプライン事業者のモチーフの転換（輸送量の最大化）を図ったのである。これを決定づけたのが，オーダー436でのT/P（take-or-pay）債務にかかわる買取り費用などのガス購入関連費用としての容認（下流である配給会社ないし大口需要家への費用転嫁，すなわち販売料金による費用回収の容認）であった。

生産者にとって従来のT/P条項の改訂は不利に働いたが，他面で紛争処理に要する費用（パイプライン事業者による「不可抗力を理由とする債務免除」の要求など）の軽減やガス販売先の自由選択による利益もあったので，かたくなに抵抗することはなかった。ただ，新たな直接取引形態をめぐり，直接取引は需要家を不公平かつ差別的に扱っているとの訴訟がなされ，コロンビア特別区の巡回控訴裁判所が特別販売計画（special marketing program, SMP）否認の判決を下したため，オーダー436も差し戻し判決を受けることになった。それを受け，FERCが発したのがオーダー500であり，パイプラインの開放に利用機会の非差別性および公平性の確保を織り込むことになった。

オーダー500は，パイプラインの利用順位，「契約需要」調整権（パイプライン顧客の「販売」から「輸送」への契約修正権），生産者のT/P creditingの供与義務（T/P債務に関する，オープン・アクセス下でのガス輸送量に見合った，パイプライン事業者への信用供与），T/P解決費用の請求権（固定料金と従量料金での回収の容認），ガス在庫料金の導入（パイプライン事業者の，販売顧客に対するガス在庫料金請求の容認）などを定めているが，なかでも重要な項目は，価格規制の変更である。価格規制方式を会計ベースから経済ベースに切り替え，直接取引である特別販売計画（SMP）には上限価格制（競合燃料価格），増分費用方式を適用したのである。そこで初めて従来統合されていたパイプライン事業の商業機能がアンバンドルされ，従量単一ベースの課金が行われるようになったのである。

パイプラインの開放政策は，ガスの流通と取引形態に大きな影響を与えた。パイプライン・バイパス（パイプライン事業者が売買に参加しない）と呼ばれる短期の直接取引ガスが，パイプライン事業者が売買に参加する販売ガスを量的に上回るようになり，「通過ガス」の圧倒的部分を占めるようになった。いわば開放政策は，短期契約から成るガスのスポット市場の成立を導いたのである。料率がアンバンドルされ，増分費用方式が採用されることで，ガスの流通市場および小売り供給市場は一層の拡大を見ることになった。

わが国のガス事業の規制改革では，小売り供給での大口部門の部分自由化，託送ルールの改善しか問題にされておらず，改革は微々たる成果しかあげれないでいる。新規参入者による大口供給量シェアは2.9%，接続供給実績は4件（平成12年度）にすぎない。こうした現状を打破するために，（配ガス向けの低圧導管を含めた）パイプライン開放の徹底と高圧導管輸送の「公共運送化」（これが問題になるほど導管が整備されていないとの反論もあるが，インフラ整備ではなく，インフラの開放に問題の本質がある），パイプライン・サービス（料率など）のアンバンドリングの促進，ガス輸送事業の配給事業からの分離が，積極的に検討されてしかるべきである。政府は「自由化の範囲の拡大」や「接続供給対象事業者の範囲の拡大」を考えているが，その効果を高めるためには，ガス輸送の接続供給約款の作成・公表義務を指定一般ガス事業者（東京ガスなど大手4社）に限定しつつ，広く導管を保有する事業者（石油会社，低圧導管を保有するガス供給事業者）に接続供給義務を課す必要がある。さらに，流通・小売り供給市場を拡大するには，貯蔵設備（LNG基地）についても，オープン・アクセスを確保する必要があろう。

なお，わが国の場合，ガス産業では公営ガス事業と地方でのプロパンガスが重要な市場を形成しているが，効率的に運営されているのかどうか，疑わしい。自治体営ガス事業ではフランチャイズ方式，外部委託方式などによる民営化が，またプロパンガスでは業界ルールの見直しと参入規制（事業ライセンス）の一段の緩和が，検討されてしかるべきである。

C．鉄道産業の構造分離問題

鉄道産業の構造分離は，一次的には1987年の民営化で終了している。そこでは，自然独占を六つの地域独占に水平分割することで，構造分離を図った。この先駆的な改革は，90年代，ドイツ，フランスをはじめ多くの欧州諸国の注目を集めたが，結局EUは日本方式を採択せず，いわゆる上下分離方式を採択した。民営化の成功（JRの経営再建）の影の部分（国鉄清算事業団の膨大な累積債務）が問題視され，日本方式に懐疑の念が抱かれたのである。

わが国政府の見解によれば，いまのところ制度改革の予定はないとのことであるが，特殊法人改革（鉄建公団問題）に関連して，いずれ上下分離の問題を検討せざるをえないであろう。ここで留意すべきは，欧州の上下分離が必ずしも成功しているわけではないということである。本書に書かれているように，英国はインフラ整備会社（レイル・トラック社）を株式会社化し，運行を全国25区に分け，フランチャイズ入札で鉄道旅客運行会社を選定したが，運行部分では競争を制限し（ビッダーへの配慮），インフラ部門でも信号システムなどでトラブルが多発し，レイル・トラックは経営危機に見舞われ，その再建が大きな問題となっている。

したがって，鉄道の上下分離問題については，もうしばらく欧州諸国の状況を見守る必要がある。わが国で，この手法を実行する場合には，JR の上下分離（鉄建公団のJR インフラ会社への統合），客車製造部門の別会社化などが問題になるが，費用対効果は微妙であり，精緻な分析が必要である。とはいえ，現行のJR 各社が内部補助で経営を維持しているのは事実である。路線別の収支状況はつまびらかにされていないが，大都市近郊の路線と一部の大都市間（幹線）輸送がローカル（地方）線を，都市（の利用者）が地方（の利用者）を内部補助しているのはたしかである。内部補助をどこまで認めるか，その許容度の線引きはむずかしい問題ではあるが，運賃の差別化に限界がある場合には，構造分離が検討されてしかるべきである。

その場合，二つの改善策が考えられる。一つは，あくまでも水平分割政策にこだわり，新幹線など地域にまたがる大都市間輸送部門を切り離した上で，既存のJR 各社を再分割することである（JR 東日本を，JR 奥羽，JR 東北，JR 北関東，JR 南関東といった具合に）。この考え方は，本書にいうところの「互恵的なパーツへの分離」効果が働くかどうかにかかっている。列車運行のスケジュール管理，運行技術，信号システムなどがIT 化により進歩していることを考えれば，実行可能な選択肢であるといえよう。もう一つは，JR 各社がインフラ整備会社となり，市場をブロック化し，フランチャイズ・ビッディングでそこの運行権を新規事業者に委ねる方式である。この場合，不採算のローカル線のオークションでは補助金付きの入札を考えてもよいであろう。

しかし，現行のJR本州3社にはいまのところその収益構造から見て自主的に組織改革のインセンティブが働くようには思えない。完全民営化となれば，その決定権限は完全にJRに移ることに留意しなければならない。ただし，特殊法人のままにとどまる可能性の高いJR 3島会社については，政府は将来の活性化に向け，構造分離措置を含め，何らかの措置を講じる必要がある。

もう一つの重要な課題は，オープン・アクセスの問題である。当面は，JRと民鉄（大都市部では地下鉄）との相互運転，相互乗り入れの促進が，一大課題となる。従来，当事者同士の交渉に委ねられていたこともあり，また軌道の幅（標準軌，広軌，狭軌）という技術的な問題もあり，相互運転，相互乗り入れはなかなか進まなかった。だが，利用者サイドから見ると，利便性の点でそれへの需要は大きい。また鉄道事業者のサイドからいっても，鉄道産業がすでに成熟段階に入っており，採算上，そう容易にインフラ投資（鉄道網の新設・増設や駅舎の新設・改築）の回収が見込めない以上，これは投資問題の有力な打開策の一つにもなる。車輪の間隔を自由に変えられるフリーゲージ・システムの導入，軌道の幅の標準化が進めば，技術的にも不可能ではない。軌道，インフラ施設の規格の統一，アクセス規制の見直しなどに早急に着手し，相互運転のための環境整備（駅舎・ホームの整備，運行スケジュールの調整）を図るべきである。欧州とは別の理由で（ここでは欧州単一鉄道市場ということで，各国のキャリアによる鉄道網の相互利用――通過輸送――が，オープン化の理由とされている），鉄道網のオープン化が検討されてしかるべきである。

D．放送事業の構造分離問題

「相互所有制限」は，健全な世論形成，民主主義の政体維持にとって重要であり，妥当な法的措置といってよい。ただし，放送会社の最適規模，最適な会社数は，放送技術の発展（アナログのデジタル化），放送モードの多様化（地上波，ケーブル，衛星など），放送市場の拡大とともに変化する。したがって，放送規制は，利用可能な資源が希少であること（電波周波数），ネットワーク産業であることを配慮しながら，そうした変化に柔軟に対処する必要がある。既存放送会社にケーブル・テレビ，情報通信，データ通信などへの出資を認めない国も多いが（逆のケースを含め），一定の条件をつけて（例えば，株式所有制限，免許のクロス取得の制限），相互参入を認める方向性を打ち出してもよいのではないか。

例えば，わが国のケーブル・テレビは，加入者は増加しているものの，このままでは経営の悪化から大部分が倒産寸前会社に追い込まれかねない。補助金の支給（自治体への間接補助）を見直し，CATV 事業者に M&A などを通した再編を促す必要がある。そのとき業際の垣根が低くなっていれば，既存放送会社などが側面からそれを支援できるはずである。これは，地上波，ケーブル，衛星放送との関係においてもいえることである。また，ローカル局の経営危機を放送業界が自主的な再編（系列化，ブロック化）で解決できるよう，マスコミ集中排除規制，県域免許制度を緩和すべきである。民放のキイ局とローカル局との関係について，系列化を認めないと，多くのローカル局はデジタル化，BS・CS 化に対応できず，CATV との競争もあり，放送市場から脱落していくことになろう。

また，放送産業の発展には，公共放送のあり方の見直し，すなわち NHK の再編・民営化問題の検討が避けて通れない。とりあえず，公共放送料金の負担の公平化を図るために，デジタル化による CAS（限定受信システム）の世帯設置を契機に，放送法を改正し，BS，CS 分野を有料放送会社として本体から分離・別会社化し，公共放送料金の低廉化かつ支払いの義務化を図るべきではなかろうか。

E．郵便事業の構造分離問題

郵便事業の構造分離問題は，現在国会で審議されている公社化法案，その後議論されるであろう民営化計画との関連で検討されなければならない。本書の資料（A-13）に示されているように，郵便事業の構造分離のうち，多くの国が実施しているのは配達レベルにおける分離（信書の配達と速達便・小包の配達の分離）であり，地域収集者と配達者の分離，配達と収集・仕分け・輸送の分離に着手している国はいまだない。

だが，わが国では配達レベルではすでに競争が一部導入されており，今後はその競争をどのように拡大していくかが，課題となる。郵政公社を独占的な地位に止まらせぬよう，国家独占を定めた郵便法第5条を改正し，競争的な分野を徐々に拡げていく必要がある。その際，非競争的なサービス部門を限定する措置（例えば，会計分離ないし機能分離の導入，信書範囲の限定など）が採られてしかるべきである。

また，イコール・フッティングの考え方に立てば，新規参入者が都市部の人口密集地域でのみ事業を行ういわゆるクリーム・スキミングは好ましくない（これでは郵政公社は公正な競争を行えず，内部補助で競争に対抗するか，赤字を膨らませる以外にない）。だが，幸い，わが国郵便事業の特質（国土が狭い，潜在的な参入者が配送の全国ネットワークを持っている）から見て，全国規模の参入が起こっても不思議はないし，潜在的な参入者が表明しているように，実際参入は可能であろう。そこで問題となるのがユニバーサル・サービスの維持である。新規参入者に既存郵便事業者と同等のユニバーサル・サービスの提供義務（例えば，一定期間内での配達義務，均一料金，ポスト設置義務など）を課すようなやり方は，参入インセンティブを後退させかねない。もしネットワークの一部（ポスト，郵便局，輸送）を共同利用するというのであれば，基金方式（郵便事業のユニバーサル・サービスの費用を算定し，それを全国規模で事業展開する事業者が一部負担する）でこの問題に対処できるが，それが不可能というのであれば，新規参入者に対しその提供義務を一部緩和するか（非対称規制），部分的な参入を認めるかして，民間参入を促進する以外にないであろう。

だが，こうした全面的な参入以外にも民間参入を促進する方法はある。それは，最終配達地点までの収集，仕分け，輸送に民間参入を認める方法である。最終地点（地域・地区郵便局）にまで届いた郵便物を既存郵便事業者が一定率で割引いて引き取り，それを戸口配達するのである。すでに，多くの欧州の郵便局が進んで実行しているこの方法を，わが国の郵便局も採用すべきではなかろうか。インターネットやFAXの普及に伴い，郵便需要の伸びはもはや期待できない。すでに一部の信書（年賀状など）と小包部門を除き，郵便市場は縮小傾向にあるといってよい。わが国の郵便事業者にはこうした事態に対する経営危機感が薄いのではなかろうか。

さらに，郵便料金も全国一律でなければならないものか，検討の余地がある。都内でも，東京－沖縄間でも封書，葉書は一律80円，50円というのは，コスト構造に照らして見て，問題である。（距離と時間に応じた）料金の差別化が図られても不思議はないが，利用者の側からするとそれはかえって不便である。一律料金はわかりやすく，利用しやすい料金体系なのである。結局，差別化は，利便性を考えると，せいぜい２～３段階程度（県内，ブロック内，それ以外）が限度ということになるのではないか。この問題は，国民の公平感や公共料金に抱いているイメージにも依存しており，慎重な検討を要する問題である。

最後に，郵便事業の民営化問題に触れておく。郵便市場を活性化するには，民間事業者の経営センスが欠かせない。民間の知恵と才覚がなければ，新たなサービスの開発，輸送・配送のイノベーションなど期待できるものではない。したがって，民営化の成否は，郵政公社が，民間事業者と競うなかで，どこまで経営センスを磨けるかにかかっていよう。収益構造の確保，組織改革（特定郵便局の整理，地域郵便局の統廃合）が民営化の不可欠な前提となるが，郵便公社がそこまで経営能力を高め，構造改革を実行できるかどうか，しばし観察する以外にあるまい。

Ｆ．その他（港湾，道路）

港湾に関しては，オープン・アクセスの促進が当面の課題となるが，いずれ公社化・民営化が検討されてしかるべきである。道路については，道路関係４公団（日本道路公団，首都高速道路公団，阪神高速道路公団，本州四国連絡橋公団）の民営化が決定されているが，ここでも空港分野と同様，上下分離構想

（道路の保有と建設・管理の分離，後者の民営化）が提案されている。しかし，民営化の目的の一つが，安易な需要見通しによる高速道路建設に歯止めをかける点にある以上，これは構造分離の「悪用」といってよい。民営化後も財投資金で採算の採れない高速道路の建設が続行され，無駄な道路建設を許す制度的な支えとなった「料金プール制」が継続されるようであれば，民営化にはほとんど意義がないことになる。

おわりに

構造分離は，今後の公益事業のあり方を左右する重要な政策である。したがって，この問題については，賛成するにせよ，反対するにせよ，ドグマティックというより相対評価の立場に立った，「クールな頭脳」による論戦が期待される。正解は一つではない。産業に応じて，また規制環境のあり方によって，最適な構造分離は異なることになる。このことを銘記したうえで，最適な構造分離策の発見に努め，衆議が一致した場合には早期に実行に移すべきである。世界に規範を示すことで，「規制改革の後進国」という汚名を返上することができる。論議を活発にするには，基礎となる費用便益分析モデルの構築，エコノメトリカルな分析が欠かせない。関連各省（規制当局）は，基礎データを公表し，広く国民的な論議に耳を傾けるべきである。

注

（1） 電気通信，電力，航空などのネットワーク産業におけるコブ＝ダグラス型，トランスログ型の生産関数ないし費用関数を用いた「劣加法性：subadditility」（自然独占の必要十分条件であり，いかなる産出ベクトルの組み合わせ（$q_1, q_2, \cdots q_n$）においても，$\sum_{i=1}^{n} q_i = Q$ ならば，$C(Q) \leqq \sum_{i=1}^{n} q_i C(q_i)$ が成立することで，もしくは $C(q_1^1, 0)$ と $C(0, q_2^2)$ の間に $\lambda C(q_1^1, 0) + (1 + \lambda) C(0, q_2^2) \geqq C(\lambda q_1^1, (1 - \lambda) q_2^2)$ というトランスレイ凸性が存在することで表現される）の検証においても，一部の分析でその存在が否定されている。そうした分析では，計測モデルの仮定にもよるが，平均増分費用の低減性ではなく，その逓増性すら確認されている。要するに，全体的に見て，構造分離により喪失を見る自然独占の利益は一般に信じられているほど大きくはないのである。

（2） 奥野正寛・鈴村興太郎・南部鶴彦編『日本の電気通信』（日本経済新聞社，1993年），衣笠達夫「公益企業の費用構造」（多賀出版，1995年）などを参照のこと。なお，カール・シャピロとハルR. ヴァリアンは，『インターネット経済の法則』で，情報産業においては消費の外部効果（「正のフィードバック」＝需要側の規模の経済性）が働くということを強調し，「一人勝ち」の構造を分析している（『インターネット経済の法則』IDG，1999年）。そうであれば，新たな自然独占性の再生も考えられるが，マイクロソフト社の訴訟事件に見られるように，独禁法によりネットワークの外部性の働きが一面的に威力を発揮するような状況は抑えられつつあり，産業も限定的であることから，自然独占の退潮という大きな流れは変わらないであろう。

（3） わが国の場合，規制コストという点では，構造分離とは別に取り組むべき重要な課題がある。政府（省庁）のなかに埋もれている規制当局を他の行政機能から分離し，国民・消費者ないし関連事業者に直接責任を負う専門規制機関として独立させることである。できれば，この制度改革を組織レベルにとどめず，財政レベル（独立採算化）にまで進めることが望ましい。それは，規制政策の費用対効果をより透明にすることになるであろう。

（4） いま経済に H 人の消費者が存在し，各消費者は効用関数 $f^h(x^h)$，$(h=1, \cdots, H)$ を持っていると仮定する。x^h とはこの消費者 h が消費している N 個の財に関する消費ベクトルである。ここで経済には N 個の財があると仮定するが，その N 個の財のなかには生産要素の自己消費（例えば，余暇など）も含まれている。それゆえ，この消費者の消費ベクトル x^h の各要素は，対応するものが消費財の場合にはプラスの値，生産要素の場合にはマイナスの値をとることになる。ここでは，ミクロ経済学の標準的仮定に従い，すべての消費者の効用関数は，単調増加的，連続的，かつ準凹性を有するものとされる。また，この財の生産については，この経済全体で集計的な生産可能性集合 Y が定義できると仮定する。この Y は R^N の部分集合で，閉かつ凸状のコンパクト集合であると仮定される。ここで完全競争市場を想定すれば，この生産可能性集合を与件にして，競争的に利潤を極大化する一人の生産者を考えることができる。すると，いま，生産量ベクトル $y \in Y$ が生産可能性集合の中から選ばれたとき，この経済には $y=(y_1, \cdots, y_N)$ の財が供給されることになる。だが，これには，生産要素の投入量が含まれている。それゆえ，y の要素はその財が最終財になる場合にはプラスで，中間財として費消されるばあいにはマイナスで表現されることになる。経済全体としては，生産と消費はバランスがとれていなければならないため，

$y=\sum_{h=1}^{H}x^h$ という式が成立しなければならない。

(5)　ある政策がカルドア強原理を満たすならば，それは必ずカルドア弱原理を満たし，ある政策がヒックス弱原理を満たすならば，それは必ずヒックス強原理を満たす。だが，これらの逆はいずれも真ではない。また，ある政策がカルドア原理（強原理であろうと，弱原理であろうと）を満たすということは，元の状態がヒックス原理を満たさないことと同値であり，またある政策がヒックス原理（強原理であろうと，弱原理であろうと）を満たすことは元の状態がカルドア原理を満たさないことと同値である。

(6)　ゴーマンは，間接効用関数 v^h のタームでいえば，価格ベクトル p と所得 I^h に対し，

$$v^h(p,\ I^h)=a^h(p)+b(p)I^h$$

という間接効用関数がすべての消費者の効用について成立し，また支出関数 m^h のタームでいえば，p と効用 u^h に対して

$$m^h(p,u^h)=c^h(p)+d(p)u^h$$

がすべての消費者について成り立つならば，そしてこの条件の下にかぎり，多くの個人からなる経済の市場需要曲線が，価格ベクトルと集計された国民所得の関数となり，それらは各人の効用和であるベンサム型社会的厚生を極大化している一人の巨大な消費者，すなわち総消費量ベクトルを選択している代表単数（者）の選択行動の帰結と解釈できると仮定した。

(7)　ある政策が局所準補償原理（local quasi-compensation principle: LQCP）を満たすというのは，（i）その政策を導入したとき，一定の生産者価格があって，生産者は競争均衡にあること，（ii）この生産物を適当に消費者に分配すれば，各消費者は政策後の消費者価格で均衡に入ること，（iii）このとき，政策当局者は政策以前よりも財政余剰を得ていることを指している。これはアレー余剰の値が正であることと同値である。

(8)　ホテリングのレンマとは，利潤を最大化する生産計画は，利潤関数の価格に関する導関数によって，またそのときの要素需要は利潤関数の要素価格に関する導関数のベクトルによって与えられるという，いわば利潤関数の導関数の性質に関わる命題である（$y(p,w)=\partial\pi(p,w)/\partial p,\ x_i(p,w)=-\partial\pi(p,w)/\partial w_i$）。これに対し，シェパードのレンマとは，費用を最小にする投入ベクトルは，費用関数の要素価格に関する導関数のベクトルによって与えられるという，いわば費用関数の導関数の性質に関わる命題である（$x_i(w,y)=\partial C(\pi,y)\partial w_i$）。なお，$y(p,w)$ は企業の供給関数，$x_i(p,w)$ は要素 i の需要関数，$C(w,y)$ は費用関数であり，$p(>0)$ は生産物価格，$w(\gg 0)$ は要素価格である。

（9）（ア）生産の非凸性を含む形へと生産関数を変え，（イ）利潤は直接消費者に分配されるのではなく，ひとまず政府に納められた上で，g^h の一部として消費者に還元されるものと解釈し（利潤が正になるとは限らないため），（ウ）$\pi(1, p)$ を，非ニュメレール財の総生産量ベクトル y を一定としたときに必要とされるニュメレール財の総量（価格は1）を表わす可変利潤関数 $\pi(1, y)$ で置き換え（利潤関数は競争的に利潤を極大化しないため），その上で本文の(2)式と(3)式に対応する需給均衡条件式を作成し，ワルラス法則を満たす式を導出すれば，(5)式に対応した，

$$A + \sum_{h=1}^{H} m^h(1, p, u_h^0) = py + \pi(1, y) \qquad (1)$$

を得ることができる。各人の予算制約式は，消費者価格ベクトルを $(1, p)$ とすると，$m^h(1, p, u_h^0) = g^h$, $h = 1, \cdots, H$ である。ここで外生的に一定とされている企業の生産活動 y が完成化されなければ，体系は完結しない。そこで y の決定式として，

$$p = -\nabla_y \pi(1, y) + t \qquad (2)$$

を導入し，この体系を完結させることを考える。すると，$-\nabla_y \pi(1, y)$ は非ニュメレール財の生産に要する限界費用と考えることができるため（非ニュメレール財の生産によって失われるニュメレール財の量），これが，最適資源配分の条件が提示されたときに一般均衡体系に発生する厚生損失を計測する式となる。t は市場価格の歪み（非ニュメレール財の消費者価格と限界費用との差）を表わすので，需給均衡条件式と(1)，(2)式は，u_h^0 $(h = 1, \cdots, H)$ および t を与件としたとき，A, p, y を内生的に決定する。したがって，$t = 0$ のときに関連式によって定まる (A^*, p^*, y^*) が最適資源配分ということになる。こうして，本文と同様の手続きで関連式を解き（全微分し），dA（厚生効果）を求めれば規制による厚生損失を近似的に計測できる。ここから，翻って規制改革（構造分離）による厚生ゲインを推計できるのである。

（10）現在，資源エネルギー庁を中心に，2003年度の電力取引所の創設，また取引適正化の指針案が検討されている。これは小売り供給の部分的な自由化の拡大（中規模工場，スーパー向け取引）に伴う措置であり，新規参入を増やし，競争を促進することが，その狙いとされている。取引所は，新規参入者が必要な電力量を大手電力会社から調達する市場となるが，相対取引か，匿名取引かでいまだ議論が分かれている。だが，より重要な問題は，取引所が既存電力会社の市場力の行使（新規参入企業からも電力を購入する大口顧客に対する供給の制限・拒否，余剰電力売り惜しみ・価格の吊り上げ，および差別的な料金設定）を監視・抑制できる機構を備えられるかどうかにある。本書の事例は，この困難性を強調してい

る。したがって，制度設計の限界が明確になったときには，改革ルートを本筋――独立系統管理機関とプール市場を創設――に戻すべきである。

(11)　カリフォルニアの電力システムの問題点は，厳しい環境規制（新規参入の困難さ），発電能力確保義務の欠如（火力発電設備の分離・売却勧告），先物取引市場の未整備，価格規制の失敗（小売価格の凍結→需要抑制メカニズムの欠如→電力会社の経営圧迫，卸市場でのタイトなプライスキャップ→電力の州外への流出），送電線投資の不足と送電制約（非営利のISO），発電事業者の意図的な発電抑制による価格操作，系統運用上不可欠なマストラン電源における独占力の行使，大手私営電力会社に対するプール市場への参加の義務づけ（強制プール）と長期契約・相対取引の軽視（過度なリアルタイム市場への依存），ISOのプール市場に対する監視権限の欠如などにあった。

(12)　国際空港の民営化計画に関して，上下分離方式が提案されているが，これは構造分離の「悪用」ではなかろうか。（ア）ハブ空港をめぐる国際競争状況（この案だと成田の空港使用料の引き下げは関西空港の財務悪化で実現しそうにない），（イ）３空港もたれ合いの構造の創出（３空港間に競争がなくなり，最悪の場合，どの空港も国際ハブないしゲートウェイになれそうにない），（ウ）従来通りのインフラ整備の続行（空港インフラ整備会社は民営化されないため，料金プール制度の発想が継承され，需要や採算を無視して空港・滑走路・ターミナルが建設され続ける）などを考えれば，受け容れがたい提案といえよう。

参考文献

青木昌彦『企業の経済学』岩波書店，1985年
小田切宏之『企業経済学』東洋経済新報社，2001年
同『新しい産業組織論』有斐閣，2001年
奥野正寛・鈴村興太郎『ミクロ経済学Ⅰ・Ⅱ』岩波書店，1985年
ハルR.ヴァリアン（佐藤隆三ほか訳）『ミクロ経済分析』勁草書房，1986年
常木淳『費用便益分析の基礎』東京大学出版会，2000年
P.-O.ヨハンソン（金沢哲雄訳）『現代厚生経済学入門』勁草書房，1995年
中島隆信ほか編『実証経済分析の基礎』慶応義塾大学出版会，1997年
山本哲三・佐藤英善編『ネットワーク産業の規制改革』日本評論社，2001年
OECD編（山本哲三・山田弘監訳）『世界の規制改革（上），（下）』日本経済評論社，2000年，2001年）
OECD編（山本哲三訳）『成長か衰退か――日本の規制改革』日本経済評論社，1999年』

内閣府国民生活局『公共料金の構造改革——現状と課題』財務省印刷局，2002年
経済産業省資源エネルギー庁『海外諸国の電力改革の現状と制度的課題』2001年
山本哲三「カリフォルニア電力危機について」，『公正取引』2001年 7 月号
森浩ほか『空港民営化』東洋経済新報社，2002年
粟津孝幸『NHK 民営化論』日刊工業新聞社，2000年
Bruce, N. and R. G. Harris (1982). "Cost-Benefit Criteria and the Compensation Principle in Evaluating Small Projects", *Journal of Political Economy* 90.
OECD. *Policy Brief: When should regulated public utilities be broken up?,* October 2001.

あとがき

OECD 競争法・政策委員会が構造分離に関する作業に入っているのを知ったのは，2年前の晩夏のパリにおいてであった。その折，ドラフトの一部を読ませてもらったが，当時私はアクセス規制に関心を抱いていたこともあり，思いは複雑であった。経済理論上評価がむずかしい領域に入ったものだとの思い，またアクセス規制をクリアーしないで政策舞台を回転させているだけではないのかとの疑念を拭えなかった。しかし，OECD 本部で責任者に会い，アクセス規制の限界についての，事例的な説明を受けるうちにいくつかの疑問は氷解した。主要国はそれだけ経験を積んでいたのである。

とはいえ，まだ構造分離の提案が当委員会の内部で，また閣僚理事会ですんなり通るとは考えていなかった。有力な EU 諸国はまだ民営化の段階にあり，規制改革を推進する EC 指令が出されているとはいえ，大企業の解体・リストラをも促すようなこの提案に容易に理解を示すとは思っていなかったのである。だが，これは私の読み違えであった。フランスは最後まで抵抗したが，ドイツ，北欧，中・東欧はこれを受け入れたのである。その背景には，この間の欧州委員会（競争総局）の影響力の増大があるように思える。

とはいえ，提言には「慎重な比較衡量」の必要性という「箍」がはめられたのも事実である。これにより政策イノベーションの意義はかなり薄められてしまったが，経済学者の意見を2分するようなテーマだけに，やむをえない仕儀であったといえよう。むしろ，構造分離を競争政策上のテーマとして国際的に提起した点を評価すべきなのである。

読者は本書を読んで，規制改革のメインテーマがここにあることに気づいて欲しい。エネルギー（電力・ガス），情報通信（電気通信・放送），運輸（航空・鉄道）は主要なインフラ・生活産業であり，それだけで対 GDP 比の約1割近くを占める，産業競争力（中間財として）および国民生活（最終財として）に多大な影響力を有する産業である。このことを考えれば，この分野の改革なくして，産業の活性化，消費者厚生の増進などありえないはずである。ところが，こうした分野でわが国の規制改革は本当に進展しているのか，疑問である。「規制改革特区」も「実験」の場を提供する意味で一案ではあるが，中央省庁が重要な規制を所管しており，国土が狭いことを考えれば，ピント外れの感を否めない。より広域で，できれば全国規模で行うべきである。それより重要なことは，規制改革の流れを大道に戻すことである。世界の大勢に改革の歩調を合わせること，改革テーマを産業の活性化ないし消費者厚生の増進に絞り拡散させないこと，この二点を徹底することが重要なのではなかろうか。

構造分離の立案，政策化には多くの反論が提起され，各界で賛否をめぐり議論が交わされることが予想される。わが国の政治経済システム，産業組織のあり方に応じた，適切な構造的措置が採択されるかどうかは，わが国政府の規制改革に対する姿勢と努力に，また政治家，有識者の知力にかかっている。ただ，いかなる結論に落ち着こうと，2004年にOECDに構造分離について報告するとき，胸を張れる，質の高い改革経過報告書を準備しなければならない。そのためにも，読者もこの論議に参加し，論議の行方を注視してほしい。

さて，本書は，理論部分はともかく，産業部分で多くの実際知識を要求しており，私にとってこの翻訳は相当困難な作業であった。もし大過なく仕上がっているとすれば，翻訳を手助けしてくれた公正取引委員会の松尾勝氏のおかげである。また，同委員会の大胡勝氏にはドラフト段階の図表の作成でお世話になった。両氏に深く感謝する次第である。

最後になるが，日本経済評論者の谷口京延氏に毎度のことながら大いにお世話になった。氏の特段の配慮がなければ，本書の刊行はかなり遅れていたであろう。構造改革が岐路にある，そうした時期に本書を刊行できることを喜び，氏に深く感謝する次第である。

2002年6月末日

山本 哲三

【監訳者略歴】

山本　哲三（やまもと・てつぞう）

1947年７月　神奈川県に生まれる
1970年３月　早稲田大学商学部卒業
1974年９月　北海道大学大学院経済学博士課程（中退）
1974年10月　筑波大学社会科学系研究員
1987年４月　早稲田大学商学部専任講師，助教授を経て，
現在　早稲田大学商学部教授
1984年　経済学博士（筑波大学）
主要著作　『市場か政府か』（日本経済評論社，1994年），『M&Aの経済理論』（中央経済社，1997年），『プライスキャップ規制』（日本経済評論社，1997年），『最適規制――公共料金入門』（K. E. トレイン著，翻訳，文真堂，1998年），『成長か衰退か』（翻訳，日本経済評論社，1999年），『世界の規制改革』上・下（監訳，日本経済評論社，2000年，2001年），『ネットワーク産業の規制改革』（編著，日本評論社，2001年）

構造分離――公益事業の制度改革――

2002年８月30日　第１刷発行　定価（本体2800円＋税）

編　者　O　E　C　D
監訳者　山　本　哲　三
発行者　栗　原　哲　也

発行所　株式会社　日本経済評論社
〒101-0051　東京都千代田区神田神保町 3-2
電話 03-3230-1661　FAX 03-3265-2993
URL: http://www.nikkeihyo.co.jp

装幀＊渡辺美知子　文昇堂印刷・山本製本所

乱丁落丁はお取替えいたします。　Printed in Japan

ISBN4-8188-1424-5

山本哲三著
市場か政府か
―21世紀の資本主義への展望―
四六判　二九〇〇円

レーガンの規制緩和やサッチャーの民営化政策等欧米の実験と問題点をとりあげ、規制緩和と民営化が推進された歴史的背景を整理し市場と政府のあり方を分析する。

OECD編　山本哲三・平林英勝訳
M&Aと競争政策
―合併規制の国際規格―
四六判　二五〇〇円

OECD加盟諸国のM&Aの動向と合併規制策の詳細な調査。金融革命とデ・レギュレーション等による世界経済の構造変化にともない、M&Aは今後どう展開するか。

OECD・山本哲三著
プライスキャップ規制
―理論と実際―
四六判　二八〇〇円

公共事業における公正な利益配分・報酬率・競争を促すためのプライスキャップ規制とは。各国の事例を集めたOECDの報告をふまえその特徴、意義及び課題を理論的に整理。

OECD編　山本哲三訳
成長か衰退か
―日本の規制改革―
A5判　二八〇〇円

日本は規制改革をどう進めるべきか。わが国の規制システムの現状と規制改革の経緯を踏まえ、デジカルかつ有益な勧告がOECDから提出された。日本はこれにどう応えていくのか。

OECD編　山本哲三・山田弘監訳
世界の規制改革（上・下）
A5判　各五五〇〇円

規制改革は経済全般にどのような効果をもたらすのか。OECDの規制改革を分野別に検討し、政府規制の質の向上、公的部門の改革、そして消費者利益・イノベーションの促進に向けた政策を提言。

（価格は税抜）

日本経済評論社

評論
No.132 2002. 8
日本経済評論社

大衆文化のなかの「逆コース」

安田常雄

与えられたコメントのテーマは「文化」から見た講和条約ということですが、その一つの焦点は、講和条約の政治外交交渉でいつもキーワードのように語られた「国民感情」とは何であったかということだと思います。つまり普通の人々にとって講和とは何であり、その反応の底にどのような意識、あるいは無意識があったか。そしてそれがいわゆる「戦後民主主義」とどのように関わっているのか。たとえばすぐ思い浮かぶのは世論調査でしょう。大づかみにいえば、国論を二分した講和論争については朝鮮戦争の勃発を境に、「全面講和」論支持は減少し（三三%→一四%）、「単独講和」論支持が上昇していきます（四五%→六六%）。こうした〝現実主義〟への重点移行が講和への期待を支えているのですが、講和条約が発効した五二年五月一七日の朝日新聞世論調査では、「講和ができたので日本も独立国になったと考えるか、そうは思わないか」との質問に対し、「独立した」と考える人が四一%、「形式だけ」あるいは「そうは思わない」人が四〇%と拮抗し、これが講和発効当日の「街は案外ひっそり」（『朝日新聞』一九五二年四月二九日付）という情景の根にあるアンビバレントな気分でした。また同時代の新聞の投書をみれば、「ちょうちん行列より弔旗を掲げよう」など、より具体的な雰囲気を取り出すことができます。ここではこうした世論調査や投書の底に流れる大衆意識を見るため、大衆文化を取り上げることにします。焦点は五一〜二年の「逆コース」、その意味でこのコメントは、同時代の大衆文化を素材にした「逆コース」の文化現象学、その断片という感じになります。

「逆コース」という言葉が流行語となるきっかけは、『読売新聞』の特集「逆コース」（五一年一一月二日～一二月二日付）といわれています。そこでは新宿御苑の観菊会、勲章、キャバレーの軍艦マーチなどが紹介され、追って五二年一月二三日号の『アサヒグラフ』は「神々の復活」と題して明治神宮と伊勢神宮の初詣風景を取り上げました。新春封切の映画二八本のうち二二本が時代劇、和服や百人一首も復活しました。

こうした「逆コース」の気分を底流において、講和発効の四月の大衆文化は「君の名は」の大ヒットと「美空ひばり歌舞伎座公演」に象徴されます。桐生のある工場では女工さんたちが八時半から「君の名は」のラジオを聞くため、残業分を朝のうちにやってしまおうと、朝の四時ごろに工場にいったといわれます。また同じ桐生ではこの映画を見るため、工場が終わって歩いて行ったのでは間に合わないので、女工さんたちが工場から映画館へハイヤーを乗りつけたという「前代未聞」のことまで起こったようです（大野力「現代の代表作『君の名は』」『思想の科学』一九五四年一〇号）。この流行は「すれちがいメロドラマ」への共感だけではなく、戦災で生き別れた人をさがす戦争体験のリアリティがその根底におかれていたからに他なりません。また「りんご追分」をひっさげて芸能の殿堂にたった「美空ひばり歌舞伎座公演」は笠置シズ子のアメリカナイゼーションの模倣から日本回帰（国民の歌手！）への転換の鮮やかな指標となっています。こうして大衆文化の講和発効は、生きられた戦争体験の残像と気分としての「ナショナルなもの」の両義的拮抗を浮かび上がらせていました。

こうした同時代状況のなかで、最も鋭く大衆意識の深層に迫ったのは、木下恵介監督による「カルメン故郷に帰る」と「カルメン純情す」という映画だったと思われます。木下監督は五一年春、「カルメン故郷に帰る」を撮ったあと、一〇月から翌年七月までパリに滞在するのですが、帰国後の第一作が「カルメン純情す」です。「カルメン故郷に帰る」は浅間山麓ロケによる国産初の総天然色映画として評判になりました。それは高峰秀子と小林トシ子の二人のストリッパーが、芸術と信じたストリップをもって故郷に錦を飾ろうとする話ですが、そこに芸術などわからない農民からの嘲笑をからめ、戦後の風俗を活写していました。続いて作られた「カルメン純情す」は、五二年の風俗を克明に記録しながら「逆